旅游市场营销

姜超雁　宋　彬　主编

上海浦江教育出版社
Shanghai Pujiang Education Press

图书在版编目（CIP）数据

旅游市场营销 / 姜超雁，宋彬主编 .—上海：上海浦江教育出版社有限公司，2021.5
ISBN 978-7-81121-706-3

Ⅰ.①旅… Ⅱ.①姜…②宋… Ⅲ.①旅游市场—市场营销学—高等职业教育—教材 Ⅳ.① F590.82

中国版本图书馆 CIP 数据核字（2021）第 064956 号

LÜYOU SHICHANG YINGXIAO
旅游市场营销

上海浦江教育出版社出版发行

社址：上海海港大道1550号上海海事大学校内 邮政编码：201306
电话：（021）38284912（发行） 38284923（总编室） 38284910（传真）
E-mail: cbs@shmtu.edu.cn URL: http://www.pujiangpress.cn
上海商务联西印刷有限公司印装
幅面尺寸：185 mm×260 mm 印张：13.25 字数：264千字
2021年5月第1版 2021年6月第1次印刷
责任编辑：佟 金 封面设计：赵宏义
定价：48.00元

前 言

我国是一个有着悠久历史文化和丰富旅游资源的国家,也是世界上最大的旅游出入境客源市场和旅游目的地国家。旅游业作为综合性产业和战略支柱性产业,是经济发展的重要动力,同时在促进消费、扩大就业、提高人民生活水平等方面也发挥着越来越重要的作用。

"旅游市场营销"作为高星级饭店运营与管理(邮轮服务与管理)专业的基础专业课程,以学生的专业导向、能力导向和就业导向为教学目标,针对该专业人才培养的特色,兼顾现代中等职业教育的理念和时代要求,尽量契合行业发展和人才培养的需求。

本书在学习国内外先进旅游营销理论的基础上,采用案例分析和项目管理的系统方法,采取"项目导向""任务导入"和"任务讲解"等相结合的形式,借助一系列信息化辅助的教学模式,对涉及旅游市场营销的基本理论、知识点和实际应用进行全面串联,从而培养学生的专业知识、技术技能和职业素养。

本书具有如下特色:

1. 突出"问题思维"与"创新意识"

本书内容简明扼要,项目设计新颖,案例丰富多样,集通俗性、可读性和应用性于一体,每个任务环节精心编排了"知识拓展",力求体现"教、学、做、评"相结合,使学生能全面掌握知识点。

2. 典型案例

本书所选案例既考虑教材内容的全面性,也考虑其在实践中的典型性。通过案例,学生能更多地了解旅游市场营销的方方面面,为学生步入行业和走向社会提供参考借鉴。

3. 案例讨论和实训

本书从培养技术型人才出发,将案例分为导入案例和技能练习案例两类,不仅给学生提供典型案例的分析，而且将案例分析、理论知识与实践相结合，以提高学生理论结合实践的认知能力、思考能力和实践技能。

  本书由上海港湾学校姜超雁老师和宋彬老师编写。在本书的编写和出版过程中，上海港湾学校的领导和专业委员会专家给予了大力支持，并对本书提出了许多宝贵意见，在此一并表示衷心的感谢！

  由于中国旅游业正处于不断发展之中，旅游市场营销理论在不断地更新和完善，加上编写人员时间和水平有限，教材中可能有许多不足或疏漏之处，恳请各位同行和读者予以批评指正，使之趋于完善。

姜超雁

2021 年 2 月　于上海

目 录

项目一 旅游市场营销的认知 ··· 1
  任务一 旅游市场的认知 ·· 3
  任务二 旅游市场营销核心概念的认知 ······························ 10

项目二 旅游市场营销环境分析与营销调研 ····························· 21
  任务一 旅游市场营销环境分析 ······································· 23
  任务二 旅游市场营销调研 ·· 31

项目三 旅游消费者购买行为分析 ··· 40
  任务一 旅游消费者购买行为概述 ··································· 43
  任务二 旅游消费者购买决策过程 ··································· 53

项目四 旅游市场细分与定位 ··· 61
  任务一 旅游市场细分 ·· 63
  任务二 旅游目标市场选择 ·· 68
  任务三 旅游市场定位 ·· 72

项目五 旅游市场营销策略 ··· 80
  任务一 旅游产品开发策略 ·· 82
  任务二 旅游产品价格策略 ·· 90
  任务三 旅游产品分销渠道策略 ······································· 97
  任务四 旅游产品促销策略 ·· 104

项目六　旅游目的地营销······118
任务一　旅游目的地营销概述······121
任务二　旅游目的地营销的特点与过程······128
任务三　旅游目的地营销策划······131

项目七　旅游酒店营销······141
任务一　旅游酒店产品有形要素展示······143
任务二　旅游酒店服务营销管理······147
任务三　旅游酒店营销策划······152

项目八　旅游交通营销······165
任务一　旅游交通营销概述······168
任务二　影响旅游交通营销的因素······175
任务三　旅游交通营销策划······178

项目九　旅游网络营销······186
任务一　旅游网络营销概述······188
任务二　旅游网络营销推广······191
任务三　旅游网络营销战略······195

参考文献······203

项目一　旅游市场营销的认知

 **学习目标**

通过本项目的学习，学生能掌握旅游市场的内涵和特征；理解旅游市场营销的核心概念及基本活动，并能在实际学习和工作中加以运用；深刻理解旅游市场营销的本质和旅游服务营销的组合，培养职业认知的基本能力。

 **知识点和难点**

知识点

- 旅游市场的内涵和特征
- 旅游市场营销的内涵和基本活动

难点

- 旅游服务营销组合

 **案例导入**

迪士尼公司的成功营销

背景与情境

通过考察迪士尼的历史，你会发现迪士尼的成功不仅在于其思想境界超越了一般性的商业盈利模式，其所倡导的发展理念，如"为所有地方的所有年龄段的人创造快乐""时刻满足顾客需要"等，体现出较高的社会责任感和人文关怀，而且其成功的营销策略也为其自身发展创造了一个又一个奇迹。其成功的因素可概括为以下几条。

准确选择市场定位。迪士尼的营销模式始终依靠主题公园来打造，其业务主题始终围绕欢乐产业，牢牢聚焦"欢乐"市场，从而得以持续强化自身的品牌影响力和市场竞争力。

追求服务制胜。时刻关注顾客的需要是迪士尼产品创新的原动力。迪士尼通过分析相关信息来把握游客需求的动态变化，从而有针对性地创新产品、更新设施设备。它长期坚持采用"三三制"原则，即每年都要淘汰1/3的硬件设备，再新建1/3的新概念项目，保证每年补充更新娱乐内容和设施，以便随时给游客带来新的欢乐体验，不断创新的产品项目为其赢得了很高的顾客回游率。

注重整合产业要素发展。迪士尼乐园在旅游产品的设计上充分考虑了游客消费的特点，将饮食、购物、住宿与游乐有机结合在一起，为广大游客提供全方位的欢乐文化体验。

此外，迪士尼非常注重品牌化运营，将景区与卡通电影、动画故事、衍生产品有机结合在一起，形成了以品牌拓展为中心的发展模式。凭借其品牌在顾客心目中的形象和声誉，迪士尼乐园开发了一系列关联产品，从而促进了产品和产业多元化经营格局的形成，给迪士尼乐园带来了丰厚的利润。

资料来源： 王晨光.景区营销从迪士尼身上学什么[N].大众日报，2011-03-15(14).

问题

迪士尼是如何进行市场定位的？其品牌拓展运营模式是什么？

分析

迪士尼公司之所以能取得成功，原因是多方面的。其中，先进的发展理念、准确的市场定位、整合营销以及品牌化的运营等营销活动是使其走向成功的重要保证。因此，任何企业在发展过程中都必须开展成功的营销活动，才能保证企业的正常发展。

任务一　旅游市场的认知

任务导入

小明是一名中等职业学校二年级的学生,学校将组织全班同学进入本地一家校企合作的旅游企业开展为期1~2天的参观考察活动。小明想要出色地完成此次考察活动,他应该学习并掌握哪些旅游市场、旅游其他方面的基本理论知识?

任务讲解

一、旅游的内涵与特征

(一)旅游的内涵界定

"世界那么大,我想去看看",目前已经成为社会的"旅游流行语",表达了人们想走出家门、周游世界的美好意愿。"旅游"作为大众熟知的词语,如何对其正确理解和认识呢?学术界对旅游从不同角度进行了界定:

1.《牛津词典》

1811年英国出版的《牛津词典》将旅游(Tourism)解释为:"离家远行,又回到家里,在此期间游览一个地方或几个地方。"这是学术界对旅游最初的研究和认识。

2.联合国世界旅游组织

1991年,联合国世界旅游组织国际旅行和旅游统计会议(渥太华会议)从统计角度对"旅游"作了界定:旅游是指人们由于休闲、商务和其他目的而到惯常环境之外的地方旅行,其连续停留时间不超过1年的活动。该定义明确了旅游的目的是休闲、商务等;旅游的空间是从惯常居住地到惯常环境之外的地方;旅游时间是连续停留时间在1年以内。

3. 联合国经济和社会事务部统计司

联合国经济和社会事务部统计司《2008年国际旅游统计建议（IRTS 2008）》从旅游统计的角度系统地界定了旅游、旅游者等基本概念。它指出：

（1）旅游是一种社会、文化和经济现象，涉及人员向其惯常居住地以外的地方移动，通常以娱乐为动机。

（2）从经济角度看，旅游的定义是被确定为游客所从事的各种活动，旅游者即为度假、休闲娱乐、商务、健康、教育或其他目的旅行的人。该范围要比传统概念的旅游者更广，后者只包括休闲旅行。

（3）旅游是指游客（访客）的活动。游客，是指出于任何主要目的（商务、休闲或其他个人目的，而非在被访问国家或地点受聘于某个居民实体），在持续时间不足1年的时间内，到其惯常环境之外的某个主要目的地的旅行者。游客的这些出行符合旅游性出行（Tourism Trip）的标准。

（4）旅游性出行的类型包括：①个人目的的出行——度假、休闲、娱乐、探亲访友、教育和培训、保健医疗、宗教朝觐、购物、过境（停留）或其他；②商务和职业目的的出行。

（5）旅游是旅行的一部分，游客是旅行者的一部分。

4.《中国百科大辞典》

《中国百科大辞典》指出："旅游是人们观赏自然风景和人文景观的旅行游览活动，包含人们旅行游览、观赏风物、增长知识、体育锻炼、度假疗养、消遣娱乐、探险猎奇、考察研究、宗教朝觐、购物留念、品尝佳肴以及探亲访友等暂时性移居活动。从经济学观点看，它是一种新型的高级消费形式。"

5. 于光远

中国著名的经济学家于光远在其1986年发表的《掌握旅游的基本特点，明确旅游业的基本任务》文中提出："旅游是现代社会中居民一种短期性的特殊生活方式，这种生活方式的特点是异地性、业余性和享受性。"该定义指出了旅游是现代社会的一种生活方式，而这种生活方式是在异地发生的，具有暂时性的特点；提出了旅游的业余性即闲暇性，而这种暂时的、闲暇的生活方式能够给旅游者带来物质和精神的享受。

6. 本书

综合国内外旅游学术界对旅游概念的不同表述，可以得出以下4点共识：

（1）旅游是人们离开自己的惯常居住地，到异国或他乡作短暂逗留的空间活动，体现出了旅游活动的异地性特点。

（2）旅游者到旅游目的地的旅行、访问是一种短期行为，它有别于移民性的永久居留等，体现出了旅游活动的暂时性特点。

（3）旅游的主要目的是消遣、娱乐，不会牵涉任何赚钱的活动，体现出了旅游活动的消遣性特点。

（4）旅游会引起各种社会现象及产生各种关系，它不仅包括旅游者的活动，而且涉及这些活动在客观上所产生的一切现象和关系，体现出了旅游活动的综合性特点。

综上，本书将旅游的定义归纳总结为：旅游是指为了消遣、休闲等娱乐目的，人们离开自己的日常居住地，到异地做非定居性旅行和暂时停留的社会活动。

（二）旅游的特征

1. 异地性

旅游是人们离开自己的常住地，到异国他乡旅行游玩和暂时逗留的一种活动。如何界定常住地呢？中华人民共和国最高人民法院《关于贯彻执行〈中华人民共和国民法通则〉若干问题的意见（试行）》第9条规定：公民离开住所地最后连续居住一年以上的地方，为经常居住地，但住医院治病的除外。公民的住所地是指公民的户籍所在地。公民由其户籍所在地迁出后至迁入另一地之前，无经常居住地的，仍以其原户籍所在地为住所。因此，通常意义上，对于短途旅游，家被认为是常住地；对于长途旅游，居住的城市甚至是州、县和国家都可以被认为是常住地。因此，常住地的范围界定，有赖于其相对旅游目的地的远近，与旅游目的地是相对而共生的空间概念。在旅游统计中，对于一个旅游目的地，只有一个旅游常住地，即旅游活动发生前的常住地。旅游的异地性就是指旅游者从旅游活动发生前的常住地（旅游客源地）到另一个地方（旅游目的地），需要空间上的移动。

2. 暂时性

旅游者在异地的停留是暂时的，不会因旅游而在异地定居下来。在时间上如何界定旅游的"暂时性"呢？为了旅游统计的需要，1937年，国际联盟统计专家委员会提出，国际旅游者指离开其惯常居住地到其他国家访问至少24小时的人。1991年，世界旅游组织国际旅行和旅游统计会议（渥太华会议）规定国际旅游的连续停留时间不超过一年。世界旅游组织对国内旅游未作时间的限定。

3. 消遣性

在《辞海》中,"消遣"指消磨时光、排遣,今多指休闲。旅游是利用闲暇时间进行的享受性的审美活动,是一种动态的消遣行为,目的在于休闲、休息或丰富旅游者的经历和文化素养。旅游的概念界定强调其娱乐和消遣性因素,将商务、考察等与赚钱相关的经济性活动排除在外,突出休闲、娱乐和度假等旅游核心概念和因素,道出人们希望通过旅游使自己身心愉悦的主要目的。

4. 综合性

旅游是旅游者的社会活动。旅游的产生、发展以及旅游活动本身都与特定的社会、政治与经济环境密切相关。旅游活动涉及吃、住、行、游、购、娱等方面,并因此产生与旅游相关的产业、企业和设备设施,这些都体现出了旅游的综合性特点。旅游不仅是各种要素的综合体,也因旅游目的、需求与行为的不同,而表现出多种形式、多种类型。从社会进步的角度来看,旅游不但推动着一国、一地的社会、政治、经济、文化等方面的发展,而且使社会更加文明、开放,推动了各国的文化交流和政治、经济往来。

二、市场的内涵与类型

(一)市场的内涵界定

关于市场的定义,归纳起来主要的代表性观点见表1-1。

表1-1 市场的定义

角度	定义	释义
地域空间	指商品进行交换的场所	"市"可以理解为买卖、交换,"场"即场所
交易活动	指商品流通的全过程	随着交易的空间范围和对象的变化,市场不再囿于狭义的商品交换场所,而是指商品交换活动的全过程
经济学	指商品交换关系的总和	体现了人与人之间多重利益关系
市场营销学	指具有特定需要或欲望,愿意并能够通过交换来满足这种需要或欲望的全部顾客的总和,即现实和潜在购买力的总和	市场由人口、购买力和购买欲望三要素组成。市场 = 人口 + 购买力 + 购买欲望

本书中所指的市场是从企业角度来考虑的，即某种产品或服务的所有现实购买者和潜在购买者的总和。

（二）市场的类型

市场的类型有很多种，本书主要根据购买者的购买目的、交易对象的实体性、供给方的竞争状况进行划分。

1. 按购买者的购买目的划分

按购买者的购买目的划分，将市场分为消费者市场、生产者市场、中间商市场和政府市场。消费者市场是指为满足生活需要而购买产品或劳务的一切个人和家庭的总和。现代市场营销理论的核心是满足消费者的需求，这是企业的出发点和归宿点。生产者市场（也叫产业市场）是指为满足生产需要而购买产品或服务的一切企业或个人的总和。在生产者市场上，购买者购买商品的目的，不是个人消费，而是进行再生产并取得利润。中间商市场也称转卖市场，是由那些对商品进行转卖或出租，以获取利润的组织和个人所构成的市场。政府市场是指由那些为执行政府主要职能而采购或租用货物的各级政府单位组成的市场。

2. 按交易对象的实体性划分

按交易对象的实体性划分，可将市场分为有形市场和无形市场。有形市场又称商品市场，是指交易实体商品的市场，包括满足生活需要和生产需要的市场。无形市场又称服务市场，是指交易无形商品及服务（劳务）的市场。服务市场是伴随商品市场出现的，通过提供服务给消费者带来享受和愉悦。

3. 按供给方的竞争状况划分

按供给方的竞争状况划分，可将市场分为完全竞争市场、完全垄断市场、不完全竞争市场、寡头垄断市场。完全竞争市场是竞争充分而不受任何阻碍和干扰的一种市场结构。在这种市场类型中，买卖人数众多，买者和卖者是价格的接受者，资源可自由流动，信息具有完全性。完全垄断市场是在市场上只存在一个供给者和众多需求者的市场结构。不完全竞争市场又称垄断竞争市场，是相对于完全竞争市场而言的，除完全竞争市场以外所有或多或少带有一定垄断因素的市场都被称为不完全竞争市场。寡头垄断市场是介于完全垄断市场与不完全竞争市场之间的一种比较现实的混合市场，是少数几个企业控制整个市场的生产和销售的市场结构，这几个企业被称为寡头企业。

三、旅游市场的内涵与特征

（一）旅游市场的内涵界定

从市场营销学的角度看，旅游市场是指在一定时期内、某一地区范围内存在着的，对旅游产品具有支付能力的现实和潜在的旅游购买者的总和。

旅游市场 = 旅游人口 + 旅游购买欲望 + 旅游购买能力 + 旅游购买权利

1. 旅游人口

旅游人口是指旅游产品的消费者，是构成旅游市场主体的基本要素，旅游市场的大小取决于该市场人口数量的多少。如果一个国家或地区的总人口多，则潜在的旅游者就多，需要旅游产品的基数就大，反之亦然。因此，人口的多少反映了旅游产品潜在市场的大小。

2. 旅游购买欲望

旅游市场的大小还取决于旅游购买欲望。旅游购买欲望是旅游者购买旅游产品的主观愿望或需求，是潜在购买能力变成现实购买力的重要条件，没有购买欲望，即使有购买力也不能形成旅游市场。

3. 旅游购买能力

旅游市场的大小还取决于购买者的购买能力。旅游购买能力是指人们在可支配收入中用于购买旅游产品的能力，它是由收入水平决定的。没有足够的支付能力，旅游者便无法成行，旅游只会是一种主观愿望。

4. 旅游购买权利

与其他市场不同，旅游市场的大小还取决于人们购买旅游产品的权利。旅游购买权利是指允许旅游者购买某种旅游产品的权利。对旅游市场来说，尤其是国际旅游，由于旅游目的国或旅游客源国单方面的限制，如不发给签证或限制出境，会使旅游权利受阻而导致无法形成国际旅游市场。

对旅游市场来说，以上4个要素是相互制约、缺一不可的。其中，旅游人口是构成旅游市场的基本要素，没有旅游者，旅游市场就不可能形成。旅游购买能力是指人们支付货币购买商品或劳务的能力，它受经济形势和收入状况的影响。旅游购买欲望、旅游购买权利也是构成旅游市场的基本要素，是旅游者把潜在购买能力变成现实购买力的重要条件。

（二）旅游市场的特征

1. 全球性

旅游市场是由全球范围内的旅游需求与旅游供给组成的，有全球性的特征。市场对产品的选择有全球性的自由，不受地域、政治、民族等的限制。旅游地的接待对象无民族、国界之分，旅游者的旅游活动也不受地方和国界的束缚。

2. 波动性

旅游业作为一种综合性社会经济现象，影响和被影响的因素几乎涉及社会的方方面面。许多社会因素都可能对旅游需求以及旅游地产生很大的影响，而且这种影响常常是全球关联的。战争、政治风波、治安、民族歧视、经济水平等都可能导致旅游市场关联性的波动甚至变局，既可能引起旅游流向的变化，也可能引起市场结构的变化，还可能引起消费结构的变化。

3. 季节性

旅游市场受自然条件及旅游者闲暇时间等因素的影响，季节性十分明显，有旺季和淡季之分。这就要求旅游经营者采取一些行之有效的政策和措施，调节旅游客流量，相对缩短淡、旺季之间的差距，使旅游业协调发展。

4. 多样性

旅游市场的多样性主要体现在以下几个方面：首先，旅游者的需求多样化，在大众旅游时代，旅游者的构成多种多样，其需求也千差万别；其次，旅游购买形式多样化，包括团体包价旅游、半包价旅游、散客旅游等多种形式；最后，旅游产品多样化，由于旅游者的需求多种多样，所以旅游产品必须多样化，才能满足旅游者的不同需求。

任务二　旅游市场营销核心概念的认知

 **任务导入**

在第一次参观考察的基础上，指导教师要求学生利用双休日，分组开展为期2天的二次深入考察。小明在上次的旅游企业参观考察活动中表现优秀，最近他和小组成员正商量二次考察方案。在本次考察中，他们主要想进一步了解该企业开展了哪些市场营销活动，有哪些旅游营销服务组合，同时了解旅游者对这些营销活动和组合的兴趣及满意度。小明他们想要出色地完成二次考察活动，应该学习并掌握哪些旅游市场营销方面的基本理论知识？

 **任务讲解**

一、市场营销的内涵与基本活动

（一）市场营销的内涵界定

市场营销学译自英文 Marketing，在英语里具有双重含义：第一重含义是指以市场营销活动为研究对象的一门学科名称，译作市场营销学、市场经营学、市场学、营运学、销售学等；第二重含义是指社会或企业的经营活动，译作市场营销、市场经营、行销、营运、市场事务等。目前代表性的定义见表1-2。

表1-2　市场营销的内涵界定

代表机构	定　义	创　新
美国市场营销协会（AMA）	市场营销是个人（或组织）对思想（或主意、计策）、货物和劳务的构思、定价、促销、分销的计划和执行过程，以创造达到个人（或组织）目标的交换（1985年提出）	AMA将市场营销的范围拓展到了非营利性组织与公共机构等

表 1-2（续表）

代表机构	定 义	创 新
麦卡锡	市场营销是企业经营活动的职责，它将产品及劳务从生产者直接引向消费者或使用者，以便满足顾客的需求及实现公司的利润，同时也是一种社会经济活动过程，其目的在于满足社会或人类的需要、实现社会目标	麦卡锡第一次提出了著名的"4P"营销组合理论，最具划时代意义。"4P"包括产品（Product）、价格（Price）、渠道（Place）、促销（Promotion）
菲利普·科特勒	市场营销是个人和集体通过创造并同他人交换产品和价值，以获得其所需所欲之物的一种社会和管理过程	菲利普·科特勒在"4P"营销组合的基础上提出了著名的"6P""10P""11P"营销组合理论

（二）市场营销的基本活动

1. 市场调研

市场调研是企业运用科学的方法和手段，有目的、有计划地收集、整理有关企业营销方面的信息，为市场预测和企业决策提供依据的一系列营销活动。市场调研是一切工作的基础，"凡事预则立，不预则废"，做任何决策、任何工作都应进行市场调研，这样才能提高企业决策的科学性、正确性和有效性。

2. 市场细分

市场细分是指在对顾客的市场需求进行分析的基础上，根据市场需求的异质性和同质性，把整体市场划细，形成不同的细分市场，有利于企业发现市场机会，选择目标市场和制订营销策略。

3. 目标市场选择

目标市场选择是企业在市场细分的基础上，通过对细分市场的分析和评估，选择和确定一个或几个最有利于企业经营、最能发挥企业资源优势的细分市场，作为企业市场开发重点的过程，这一个或几个被选定的细分市场就可称为企业的目标市场。其在充分分析市场机会的基础上，根据市场的效益、自身的资源、可能形成的优势，综合分析并最终确定企业究竟做什么、选什么样的项目、为什么样的顾客需求服务。

4. 市场定位

市场定位是指勾画企业及其产品在目标市场及目标顾客心目中的形象，使企业所提供的产品有一定的特色，适应特定顾客的需求和偏好，并与竞争者的产品有所区别。

选择好目标市场并不代表就能成功，企业要想在目标市场上取得竞争优势和更大的效益，就必须在了解购买者和竞争者两方面情况的基础上，确定本企业的市场位置，进一步明确企业的服务对象，并使本企业产品（服务）的特色更明确，企业形象更鲜明，从而对目标顾客产生吸引力。

5. 营销策略

市场营销策略包括产品、价格、渠道和促销4个方面。

产品策略是指根据产品（服务）的市场定位，组织生产或采购相应的产品（服务）。产品（服务）是企业与顾客进行交换的物质载体，企业通过产品（服务）满足顾客的需求、获得利益。

价格是影响消费者购买行为最敏感的因素，也直接影响企业盈利的实现，同时还是企业市场竞争的重要手段。价格定高了，消费者不能接受，会影响销售；价格定低了，会影响企业利益，损失利润。因此，定价要综合考虑消费者、企业、竞争者等多方面的情况，寻找一个各方都能接受的均衡点，实现企业利益的最大化。

渠道是指产品（服务）从生产者手中到消费者手中所经过的、由各中间环节所联结而成的路径或通道。处于渠道两端的生产者和消费者及拥有各种职能的中介组织总称为渠道成员，渠道成员既可以是企业，也可以是个人。没有中间环节的渠道称为直接渠道，反之称为间接渠道。

促销是指企业通过一定的方式和手段，向消费者传递商品（服务）与企业信息，实现双向促销，使消费者对企业及其商品（服务）产生兴趣、好感与信任，进而作出购买决策的活动。现代市场竞争要求企业既要有好的产品，也要有好的促销策略。

二、旅游市场营销的内涵与相关概念

（一）旅游市场营销的内涵

旅游市场营销学是在市场营销学的基础上发展而来的一门独立的学科，是市场营销学的一个分支。旅游市场营销学是市场营销学在旅游业中的具体运用，是将市场营销学的研究成果与旅游企业的经营特点相结合，指导和推动旅游业发展的一门学科。旅游市场营销是指旅游企业或组织在识别旅游者需求的基础上，选择市场机会，利用企业的优势资源和条件，通过确定其服务的目标市场并设计适当的旅游产品、服务和项目，以满足这些旅游市场的需求、实现企业目标的过程。旅游市场营销的核心是创造顾客价值并满足它。

（二）旅游市场营销的相关概念

要真正理解并掌握旅游市场营销的含义，需要了解以下相关概念，见表1-3。

表1-3　旅游市场营销的相关概念

项　目	概　念	注　释
旅游产品	旅游产品是指通过交换能满足旅游消费者在旅游过程中需要的产品和服务的总和，包括旅游资源、旅游设施、可供旅游者使用的各种物品、各种形式的旅游服务等	旅游业中的顾客会不断地寻求新产品，旅游产品的设计和开发是旅游营销中最有趣的领域之一
旅游服务	从需求者的视角，是指旅游者在整个旅游过程中与相关旅游企业所发生的互动关系；从供给者的视角，是指旅游企业或非旅游企业向旅游者提供具有一定品质的无形产品	旅游服务有别于有形商品，具有无形性、差异性、即时性（不可储存性）、消费与生产同时性等特点
服务质量	服务质量是指服务能够满足现实和潜在顾客需要的特征和特性的总和，即服务工作能够满足被服务者需求的程度	服务质量（差距）＝预期服务质量－感知服务质量
顾客价值	顾客价值是顾客感知的利得与利失之间的权衡，是对产品或服务效用的整体评价	顾客价值＝（单个情景的利得＋关系的利得）/（单个情景的利失＋关系的利失）
顾客满意	顾客满意是指顾客通过将产品（服务）的可感知效果与他的期望值相比较后所形成的愉悦或失望的感觉状态	顾客感受到的价值＞顾客期望值时，顾客满意；顾客感受到的价值＜顾客期望值时，顾客不满意

注：①预期服务质量是顾客对服务企业所提供服务预期的满意度，感知服务质量则是顾客对服务企业提供的服务实际感知的水平。②顾客总价值是指顾客购买某一个产品与服务所期望获得的一组利益，包括产品价值、服务价值、人员价值和形象价值等。顾客总成本是指顾客为购买某一产品所耗费的时间、精神、体力以及所支付的货币资金等，主要包括时间成本、精神成本、体力成本和货币成本等

三、旅游服务营销组合

（一）市场营销组合

市场营销组合是由美国哈佛大学的鲍敦教授首先提出来的，是指企业针对目标市场的需求，综合考虑内、外部环境的变化，对企业可控的各种营销因素进行优化组合和综合利用，以实现企业经营目标的整体营销活动。市场营销组合是企业市场营销战略的重要组成部分，一般来说，市场营销组合具有以下特点。

1. 可控性

企业的经营管理活动会受到外部环境因素和内部因素的影响。外部环境因素诸如政治、经济、社会文化、科技、市场竞争等，内部因素诸如企业的人、财、物、技术、产品（服务）、定价、渠道、促销等。外部环境因素是企业无法控制的，企业只有通过分析、预测加以利用；内部因素是企业可以控制的，因此企业应将可控制的（营销）因素组合作为市场营销手段。例如，企业根据市场调研分析目标顾客的需求和企业的资源状况，确定本企业的产品结构和服务方向；根据市场需求、竞争状况以及产品（服务）的运营成本等，确定产品（服务）的销售价格；可以自行选择分销渠道和合作伙伴；可以根据产品（服务）的特点、企业目标、竞争等情况选择促销方式和沟通策略等。

2. 动态性

市场营销组合是一个动态组合。每一个组合因素都是不断变化的，同时又是相互影响的；组合中的每一个因素都是另一个因素的潜在替代者。构成营销组合"4P"的各个自变量，又各自包含着若干小的变数，每一个变数的变动，都会引起营销组合的变化，形成一个新的组合。因此，企业在环境千变万化、需求瞬息万变的市场上，为适应市场环境和消费需求的变化，必须及时调整营销组合的结构和策略，使营销组合与市场环境保持一种动态的适应关系。

3. 复合性

市场营销组合由许多层次组成，就整体而言，"4P"是一个大组合，其中每一个"P"又包括若干层次的因素。为了便于分析运用，我们从每个"P"的众多变数中选择了4个变数，组成了各个"P"的次组合。

4. 整体协同性

企业必须在准确地分析和判断特定的市场营销环境、企业资源及目标市场需求特点的基础上，制订出最佳的营销组合。同时，随着内、外部环境或企业目标的变化，市场营销组合也处在一个动态的变化中，并且各因素之间互相影响、相互依存，共同构成了企业市场营销组合的整体。因此，最佳的市场营销组合，其作用绝不是产品、价格、渠道、促销4个营销因素的简单相加，而是各个因素相互配合、协同作战，产生一种整体协同作用。

（二）旅游服务营销组合

旅游服务营销组合是指旅游企业针对目标市场的需求，对自己可控制的各种营销因素实行优化组合和综合利用，使之协调配合、扬长避短、发挥优势，以便满足目标市场的需要，更好地实现营销目标。

20世纪80年代初，市场营销学家布姆斯和比特纳提出传统的"4P"营销组合已不能满足包括旅游业在内的各服务行业营销的需求，急需将服务行业的营销组合扩充为"7P"，即在传统的"4P"组合——产品、价格、渠道、促销的基础上加上人、有形展示、服务过程3个"P"。

1. 旅游产品开发设计策略

旅游产品开发设计策略是指旅游企业或旅游目的地根据旅游者的需求，开发设计旅游产品（服务）项目（特别是要注重开发和设计个性化、参与性强的旅游产品项目），为旅游者营造独特的体验环境和氛围，不断增加旅游产品的体验价值，使游客在整个旅游过程中通过体力和脑力劳动的付出获得发现、设计、制造等自我实现的满足感。

2. 旅游产品定价策略

由于服务的无形性特征，游客购买旅游服务时不能客观、准确地检查服务质量，更多的是受服务实体要素的影响，从而在心目中形成一个"价值"的概念，并将这个价值同价格进行比较，判断其是否物有所值。因此，旅游企业应根据成本、竞争、需求等因素定出产品的基本价（指产品系列单项产品的价格），同时可以根据游客的"体验清单"（即游客想体验的具体项目）确定最终价格。

3. 旅游营销渠道策略

由于服务不发生所有权转移，旅游企业首先应选择直销渠道，其次选择特许、代理、租赁、服务管理外包等渠道。在互联网经济时代，旅游企业除了应选择适当的中间商、不断调整渠道、加强对中间商的管理外，还应运用网络销售策略等。

4. 旅游促销策略

旅游企业在传统的促销组合，即广告、人员推销、营销推广、公共关系促销方式外，应更加注重对旅游消费者体验性要求的满足，应多开展一些体验式促销活动，如情景促销、氛围促销、感情促销、网络促销、特色促销等，同时要注意应用新媒体开展促销活动。

5. 旅游人员管理策略

旅游服务是人与人高度接触的活动，由于旅游服务的不可分离性，服务的生产与消费过程往往是紧密联系在一起的，旅游从业人员与游客在服务和接受服务的过程中存在着互动关系，并直接影响着游客对服务的质量感知。因此，旅游服务人员的素质、行为，接受服务的游客的素质和行为，以及两者之间的协调、配合程度，会直接影响旅游服务营销的效果。旅游企业应高度重视旅游从业人员的培养和管理，不断提高旅游从业人员的综合素质和服务水平。

6. 旅游营销有形展示策略

无形服务需要通过有形展示来增强说服力，有形展示是提升游客旅游体验的重要因素。旅游企业可以利用的有形展示主要有3种：①环境要素。空气质量、温度、气氛、整洁度等都属于环境要素。这类要素主要是用于增强游客的舒适度，赢得游客的好感。②形象设计要素。这类要素是游客最易察觉的刺激要素，包括美学和功能等。旅游目的地及旅游企业可通过包括形象定位、实施方案在内的系统形象设计来凸显其个性特色。③社交要素。这类要素是指通过旅游从业人员良好的服务形象展示，满足游客对旅游服务质量的期望，赢得游客对旅游体验的良好评价。

7. 旅游营销服务过程策略

旅游营销服务过程是指旅游产品或服务交付给顾客的程序、任务、日程、活动等。服务是"真实的瞬间"，它不可预知、不可储存，只有对"过程"精心策划，才能有效地利用服务时间和调节服务供求，把握好服务易变性和不可储存性，有助于游客更好地参与服务的全过程。

思考与训练

理论题

➤ 单项选择题

1. 旅游人口是指旅游产品的消费者，是构成旅游市场主体的基本要素，旅游市场的大小取决于（　　）。

　　A. 人均经济水平　　　　　　　　B. 竞争的激烈程度

　　C. 人口数量的多少　　　　　　　D. 区域的大小

2. 旅游业是典型的（　　），通过增值服务给消费者带来享受和愉悦。

　　A. 农业　　　　B. 工业　　　　C. 服务业　　　　D. 虚拟产业

3. 从供给者的视角来看，旅游服务是指旅游企业或非旅游企业向旅游者提供具有一定品质的（　　）。

　　A. 无形产品　　　B. 有形产品　　　C. 服务　　　　D. 虚拟产品

4. 在构成旅游市场的要素中，（　　）属于经济因素。

　　A. 旅游消费者群　　　　　　　　B. 出游愿望

　　C. 购买力　　　　　　　　　　　D. 出游机会

5. 市场营销活动的出发点是（　　）。

　　A. 企业获利　　　　　　　　　　B. 兼顾企业与消费者的利益

　　C. 满足消费者的需求和欲望　　　D. 出售产品

➢ **多项选择题**

1. 旅游的特征包括（　　）。

　　A. 异地性　　　　　　　　　　　B. 暂时性

　　C. 综合性　　　　　　　　　　　D. 消遣性

　　E. 排他性

2. 从市场营销学的角度看，旅游市场的大小取决于（　　）。

　　A. 旅游人口　　　　　　　　　　B. 竞争状况

　　C. 旅游购买权利　　　　　　　　D. 旅游购买欲望

　　E. 旅游购买能力

3. 按购买者的购买目的划分，将市场分为（　　）。

　　A. 消费者市场　　　　　　　　　B. 生产者市场

　　C. 旅游购买权利　　　　　　　　D. 中间商市场

　　E. 政府市场

4. 旅游服务有别于有形商品，具有（　　）特点。

　　A. 稳定性　　　　　　　　　　　B. 差异性

　　C. 无形性　　　　　　　　　　　D. 即时性

　　E. 消费与生产同时性

5. 市场营销的"7P"，即在传统的"4P"组合——产品、价格、渠道、促销的基础上加上（　　）3个"P"。

　　A. 人　　　　　　　　　　　　　B. 有形展示

　　C. 任务　　　　　　　　　　　　D. 过程

　　E. 时间

➢ **判断题**

1. 产品是影响消费者购买行为最敏感的因素，也直接影响企业盈利的实现，同时还是企业市场竞争的重要手段。　　　　　　　　　　　　　　　　　　　　（　　）

2. 顾客价值是顾客感知的利得与利失之间的权衡,是对产品或服务效用的整体评价。（　　）

3. 产品是能够用以满足人类某种需求或欲望的任何东西。（　　）

4. 旅游市场营销者可以为消费者创造需要。（　　）

5. 在交换双方中,如果一方比另一方更主动、更积极地寻求交换,则前者称为市场营销者,后者称为潜在购买者。（　　）

实务题

➤ 单项选择题

1. 在互联网经济时代,旅游企业除了应选择适当的中间商、不断调整渠道、加强对中间商的管理外,还应运用（　　）等。

　　A. 价格策略　　　B. 产品策略　　　C. 渠道策略　　　D. 网络销售策略

2. 运用绿色营销观念开展旅游市场营销活动时,要求旅游企业必须做到（　　）。

　　A. 以满足低碳需求为出发点,为消费者提供能够有效降低环境污染、防止资源浪费、有用的产品,力求实现人类行为与自然环境的融合发展

　　B. 以绿色消费为出发点,力求满足旅游消费者的绿色需求,从而实现旅游企业、旅游消费者、社会与生态环境的健康、协调、统一和可持续发展

　　C. 以生态文化为价值观念,以环境保护为经营指导思想,将旅游企业自身利益、消费者利益和环境保护利益三者统一起来

　　D. 以尊重人的价值、重视文化建设、重视管理哲学以及求新、求变精神为出发点设计开发旅游产品

3. 酒店取消"六小件",属于（　　）在旅游营销中的应用。

　　A. 绿色营销观念　　B. 网络营销观念　　C. 生态营销观念　　D. 文化营销观念

4. 希尔顿酒店的"你今天对顾客微笑了吗？"是酒店运用了（　　）。

　　A. 低碳营销观念　　B. 文化营销观念　　C. 绿色营销观念　　D. 社会营销观念

5. （　　）决定了旅游营销策划案的目的性和方向性。

　　A. 主题目标　　　B. 创意　　　C. 可操作性　　　D. 策划方案

➤ 多项选择题

1. 按供给方的竞争状况划分,可将市场分为（　　）。

　　A. 完全竞争市场　　　　　　　　B. 生产者市场

　　C. 不完全竞争市场　　　　　　　D. 完全垄断市场

　　E. 寡头垄断市场

2. 旅游市场的特征包括（　　）。

  A. 全球性   B. 生产者市场

  C. 波动性   D. 季节性

  E. 多样性

3. 市场营销的基本活动包括（　　）。

  A. 市场调研   B. 市场细分

  C. 目标市场选择   D. 市场定位

  E. 营销策略

4. 旅游企业可以利用的有形展示主要有（　　）。

  A. 人   B. 有形展示

  C. 环境要素   D. 形象设计要素

  E. 社交要素

5. 旅游企业应根据（　　）等因素定出产品的基本价。

  A. 市场调研   B. 市场细分

  C. 成本   D. 竞争

  E. 需求

➢ **判断题**

1. 服务是"不真实的瞬间"，它不可预知、不可储存。（　　）

2. 旅游目的地及旅游企业可通过包括形象定位、实施方案在内的系统形象设计来凸显其个性特色。（　　）

3. 旅游服务人员的素质、行为，接受服务的游客的素质和行为，以及两者之间的协调、配合程度，会直接影响旅游服务营销的效果。（　　）

4. 有形展示需要通过无形服务来增强说服力。（　　）

5. 由于服务不发生所有权转移，旅游企业首先应选择间接渠道，其次选择特许、代理、租赁、服务管理外包等渠道。（　　）

➢ **论述题**

1. 旅游市场的内涵与特征是什么？
2. 旅游市场营销的内涵以及相关核心概念有哪些？
3. 旅游市场营销的基本活动有哪些？
4. 营销组合有哪些？旅游服务营销组合有哪些？

 **技能练习**

1981年7月29日，在英国王宫伦敦白金汉宫到王室专用教堂威斯敏斯特教堂近4公里的街道上，戴安娜王妃和查尔斯王子举行了盛大的结婚庆典。庆典于上午10点钟开始，但刚到9点，来自世界各地的游客就在街道两侧站得里三层外三层，来玩的后排游客很难看到街道上的场景，很是着急。这时，人群中出现了一批小商贩，他们边走边叫卖"看结婚庆典，快买望远镜，一英镑一个，莫失良机"。原来伦敦的一个小商人根据媒体的报道，获知将有50多万人到伦敦观看这一庆典，通过现场考察，他发现了商机——望远镜，于是提前生产备好20多万个望远镜，在庆典当天通过临时招募的100余人的销售队伍现场销售。据统计，当天共卖出望远镜20多万个，这次营销活动使该商人获得了20万英镑。

分组研讨以下问题：

1. 小商贩成功的秘诀是什么？他做了哪些营销工作？
2. 针对这场盛大的结婚庆典，你还有哪些营销创意？

要求：自由组合成小组（每组3人），并展开自由讨论，撰写分析报告，最后选派1名代表进行汇报。

项目二　旅游市场营销环境分析与营销调研

 **学习目标**

通过本项目的学习，学生应掌握旅游市场营销环境的相关概念、特点；理解旅游市场营销微观环境、宏观环境的内涵和基本构成要素；掌握企业营销环境分析方法；并能用所学理论知识指导"旅游市场营销环境分析与营销调研"的相关认知活动。

 **知识点和难点**

知识点

·旅游市场营销环境
·旅游市场营销调研的方法

难点

·企业营销环境 SWOT 分析

 **案例导入**

我国传统旅游企业正面临转型困境

背景与情境

　　海航旅游集团副董事长兼首席执行官（CEO）杨建红公开表示，目前旅游业机遇与挑战并存。虽然现阶段用户规模较大、增长速度较快，但是大部分旅游企业同样面临着转型困境。传统企业盈利水平逐渐下降，客户流失情况严重，因此，它们不得不进行转型。而在线旅游企业方面，激烈的市场竞争、过高的线上流量成本等因素也迫使他们进行转型。对于旅游领域的创业者而言，"当前是最好的时代，也是最坏的时代"。

杨建红指出，互联网不能改变旅游业。首先，互联网不能改变产品本身，更不能改变商业本质；其次，互联网不能改变服务体验；最后，互联网不能改变旅游资源的形态。

杨建红给创业者提出3点建议：第一，旅游行业未来一定会出现巨头，创业者应找准自身定位，建立核心竞争优势；第二，要做到线上、线下相结合，传统领域要改变自身的商业运作模式，企业如果忽略发展线下模式也很难取得成功；第三，未来旅游行业需抱团取暖，以自身优势弥补同行伙伴的不足，同时，以同行伙伴的优势弥补自身的缺点和劣势。

资料来源：佚名. 我国传统旅游企业正面临转型困境［EB/OL］.（2014-04-14）［2015-08-17］. http://www.chinairn.com/news/20140414/155045546.shtml.

问题

我国传统旅游企业面临哪些问题？

分析

由引例可见，目前旅游业机遇与挑战并存。虽然现阶段用户规模较大、增长速度较快，但是大部分旅游企业同样需要寻找新的转型方向。旅游企业在发展过程中，既受外部环境的影响，又受制于自身的实力。旅游企业要发展，务必需要分析市场营销环境、寻找机遇、规避危机，并时刻关注市场营销环境的变化。

任务一　旅游市场营销环境分析

 **任务导入**

豫园位于上海市老城厢的东北部，北靠福佑路，东临安仁街，西南与上海老城隍庙毗邻，是著名的江南古典园林、闻名中外的名胜古迹和游览胜地，也是全国重点文物保护单位。豫园原是明代的一座私人园林，始建于明代嘉靖、万历年间，距今已有四百余年历史。园主人潘允端，曾任四川布政使，其父潘恩，字子仁，号笠江，官至都察院左都御史和刑部尚书。潘家是当时上海的名门望族。明嘉靖三十二年（1553年），长达九里的上海城墙建成，使东南沿海的倭患逐渐平息，生命财产经常受到威胁的上海人民稍得安定，社会经济得到恢复并开始繁荣。士大夫们纷纷建造园林，怡情养性，弦歌风月。潘恩年迈辞官告老还乡，潘允端为了让父亲安享晚年，从嘉靖己未年（1559年）起，在潘家住宅世春堂西面的几畦菜田上，聚石凿池，构亭艺竹，建造园林。经过二十余年的苦心经营，建成了豫园。"豫"有"平安""安泰"之意，取名"豫园"，有"豫悦老亲"的意思。

在老师的指导下，小明拟带领小组成员考察和分析豫园的营销环境，以归纳出豫园景区旅游业的发展特征，并对豫园景区的发展环境进行科学评价。为此，他们需要学习并掌握旅游营销环境分析的基本理论知识。

 **任务讲解**

一、旅游市场营销环境概述

旅游市场营销环境是指与旅游企业市场营销活动相关的一切外部因素与条件，旅游市场营销环境由微观环境和宏观环境构成。旅游市场营销环境具有客观性、差异性、相关性、动态性和不可控性的特点。

1. 旅游市场营销微观环境

旅游市场营销微观环境是指与旅游企业的营销活动直接相关的各种参与者。直接影响和制约旅游企业的市场营销活动，被称为直接营销环境。其包括旅游企业内部环境、旅游供应商、旅游中介企业、旅游消费者、竞争者和旅游市场营销公众（见图2-1）。

图 2-1　旅游市场营销微观环境要素

1）旅游企业内部环境

旅游企业内部环境是旅游市场营销的可控环境，旅游企业中的各种活动和部门构成了旅游企业营销环境的第一微观要素。

2）旅游供应商

旅游供应商是指向旅游企业提供生产旅游产品或旅游服务所需各种旅游资源的企业或个人。例如，旅行社的商品供应者有旅游风景管理区、交通部门、宾馆饭店和娱乐场所等。

3）旅游中介企业

旅游中介企业是指协助旅游企业促销、销售和经销其产品给最终购买者的机构，包括旅游中间商、旅游营销服务商以及金融中介组织等。旅游企业应在其经营过程中与这些营销中介建立起相对稳定的协作关系，以提高企业的营销能力。

知识拓展

"周末去哪儿"为何获得数千万美元融资？

金融中介组织是指协助企业融资或分担货物购销储运风险的机构，包括银行、信托投资公司、保险公司、证券公司等。旅游企业应与金融中介机构保持良好的关系，保障融资信贷业务的稳定和渠道的通畅。

2016年7月18日，生活旅行平台"周末去哪儿"宣布获得了数千万美元的B轮融资。领投方为中国最大移动社交平台陌陌科技，上一轮投资机构蓝湖资本和经纬创投跟投。

据了解，在此之前，"周末去哪儿"已经完成了两轮天使融资和A轮融资。其中，A轮融资完成于2014年9月，投资方为蓝湖资本、经纬创投和盛大资本。虽然B轮具体融资数额暂未公布，但从目前的情况看，应该不会少于A轮融资金额。在2016年上半年旅游业遭遇资本寒冬的背景下，中小旅游企业普遍面临融资难的问题，为何"周末去哪儿"会获得资本的青睐？

相关人士认为：在早期，"周末去哪儿"只专注于打造周边游，做了一段时间后，随着人们消费升级和文化需求的上升，"周末去哪儿"发现人们的出行需求不仅限于周末的周边游，还包括了闲暇时间的休闲活动，如体育兴趣、美食餐饮等活动，突破了"周末旅游"的边界。后期"周末去哪儿"及时调整方向，加强了本地属性，变成了城市文化休闲平台，以城市居民为中心，区别于其他线上旅游公司（OTA）以游客为中心的战略布局，在空间上也突破局限，推出了既有短线游又有出省、出国游的长线游模式。

资料来源：佚名.中小旅游企业撑不下去 周末去哪儿却获得千万美元融资［EB/OL］.（2016-07-19）［2018-07-03］.http://www.sohu.com/a/106632422-267341.

4）旅游消费者

旅游消费者是旅游企业的目标市场，也是营销活动的出发点和归宿。我国旅游企业面对的旅游消费市场主要有团体旅游者市场、个体旅游者市场、旅游中间商市场、非营利组织市场、政府市场和国际旅游客源市场。

5）竞争者

在竞争激烈的旅游行业中，旅游企业只有准确认识竞争者，才能做到知己知彼、百战不殆。从消费需求的角度分析，可将旅游企业的竞争者划分为愿望竞争者、品牌竞争者、产品形式竞争者和一般竞争者4种类型，见表2-1。

表2-1 旅游企业竞争者类型

类　型	释　义
愿望竞争者	为满足旅游消费者当前的各种愿望而提供不同产品的竞争者。如旅游消费者有带薪假期，他们想游山玩水，或在家休息。他们目前的愿望对于旅游企业来说，就叫"愿望竞争者"。如何使旅游消费者选择出游而不是在家待着，这就是一种竞争关系
品牌竞争者	品牌竞争者是指旅游产品的规格、档次相同，但品牌不同的竞争者，例如，旅游消费者选择入住的宾馆是王府井饭店还是长城饭店

表 2-1（续表）

类　型	释　义
产品形式竞争者	为满足同一需要而提供同种类别不同形式产品的竞争者，即生产不同规格、档次产品的竞争者，如旅游消费者选择豪华档次还是标准档次的旅游团队
一般竞争者	为满足同一需求而提供不同产品的竞争者。如飞机、火车、汽车三种交通工具的经营者之间就成了一般竞争者关系

6）旅游市场营销公众

旅游市场营销公众是指对旅游企业的目标实现具有现实或潜在影响的群体和个人，旅游企业的生存和发展依赖于良好的公众关系和社会环境。其主要包括政府公众、金融公众、媒介公众、群众团体、地方公众、内部公众和一般公众等。

2. 旅游市场营销宏观环境

旅游市场营销宏观环境是指影响和制约旅游企业市场营销活动的社会性力量与因素。宏观环境一般以微观环境为媒介，间接影响和制约旅游企业的营销活动，因此，其也称为间接营销环境，主要包括人口、经济、政治法律、自然、科技、社会文化等六大环境因素。

1）人口环境

人口环境决定旅游市场的规模和企业的经营方向，对人口环境的考察是旅游企业把握需求动态的关键。人口环境包括人口数量、人口结构和人口分布等方面的内容（见表 2-2）。

表 2-2　人口环境的核心内容

项　目	说　明
人口数量	人口的数量决定着旅游市场的规模和容量
人口结构	人口结构决定着产品结构、消费结构和产品需求状况。自然结构包括人的性别、年龄等因素；社会结构主要包括人的文化素质、职业、民族和家庭等因素
人口分布	人口分布决定了市场位置、市场大小、消费者的消费习惯和市场需求特性的不同，从而影响旅游动机和旅游行为的差异

2）经济环境

一个国家或地区的经济条件、经济运行状况和发展趋势会直接或间接地影响旅游者的收入水平和社会购买力，刺激人们对外出旅游、餐饮、娱乐、购物、住宿等产品和服务的消费，从而决定了现实市场中购买力水平的高低。经济环境因素主要包括经济发展阶段、国民经济运行状况、收入及消费结构等。

（1）经济发展阶段。美国经济学家罗斯托认为，一国经济发展的阶段可以划分为：传统社会阶段、经济起飞前阶段、经济起飞阶段、经济成熟阶段、生活高消费阶段、追求高质量生活阶段。每个阶段的经济发展状况都会对社会旅游需求起到直接或间接的制约作用，进而对旅游企业的营销活动产生很大影响。

（2）国民经济运行状况。客源国国民经济运行状况既可以直接影响该国国民收入的高低，还可以影响到客源国的经济政策。任何经济政策的变动都将客观地影响旅游企业的各种营销活动。

（3）收入及消费结构。社会购买力是构成旅游市场需求和影响旅游市场规模的重要因素，它主要受居民的收入、货币汇率、旅游消费者的储蓄和信用、旅游消费者支出模式等因素的影响。

知识拓展

恩格尔系数

德国统计学家恩格尔的著名理论——恩格尔定律指出：随着家庭收入的增加，用于食物的支出在总支出中的比重会下降，用于住房和家庭日常费用的比重基本保持不变，而用于娱乐、保健、教育和旅游等方面的支出比重则会上升。

$$恩格尔系数 = \frac{食物的支出金额}{消费的总支出金额} \times 100\%$$

恩格尔系数是指根据恩格尔定律得出来的比例数。国际上一般用恩格尔系数来确定一个国家居民的富裕程度，恩格尔系数越小，表明人们的生活越富裕。同时，也可用恩格尔系数来反映一个国家所处的经济状态，并以此为依据来判断当地居民潜在购买力的大小。联合国确定的标准为：

恩格尔系数≥59%，为贫困状态；50%~59%，为度日状态；40%~50%，为小康状态；20%~40%，为富裕状态；20%以下，为最富裕状态。

旅游企业从恩格尔系数的大小中可以了解到旅游市场的发展潜力，预估旅游消费者的消费水平和变化趋势等。

3）政治法律环境

（1）政治环境。政治环境是指旅游企业市场营销活动的外部政治形势和状况，主要包括一个国家（或地区）的政治制度、政治体制、政治局势、政府在旅游企业

营销方面的方针政策等因素。旅游企业在开展旅游市场营销活动时，一定要认真考察目标市场的政治稳定性、政权更迭的频繁性和政策的连续性，种族、民族、宗教、文化的冲突以及暴力恐怖活动，示威事件的多少等多方面因素，要求稳、避险、灵活应变。

（2）法律环境。法律环境指国家或地方政府颁布的各项法律、法规和条例等。旅游企业既要保证自身严格依法管理和经营，也要运用法律手段维护自身的权益。

4）自然环境

自然环境是人类最基本的活动空间和物质来源，自然环境对旅游企业营销的影响主要反映在自然资源日趋短缺、环境污染日益严重和许多国家对自然资源管理的干预日益加强三个方面。为了使整个社会平衡、健康、稳定地向前发展，旅游企业在开展营销活动时要注重"绿色旅游""生态旅游""永续旅游"等，树立现代营销观念，保护自然环境。

 **知识拓展**

对生态旅游概念的理解

关于生态旅游的概念可分为3个范畴：

（1）从旅游发展战略上对生态旅游进行定义。这一定义将可持续发展目标作为生态旅游核心概念，把生态旅游看作一种旅游发展模式，将旅游发展与社区发展、环境保护紧密结合，认为只有同时具有保护资源和促进社区经济发展功能的旅游才是生态旅游。

（2）基于旅游主体行为对生态旅游定义。这一概念倾向以市场和消费行为为生态旅游核心，将生态旅游作为一种旅游产品向市场推销，向旅游者提供没有或很少受到干扰和破坏的自然和文化旅游环境，如自然旅游、文化旅游、科学旅游、探险旅游等旅游类型。这种类型的旅游活动相对一般旅游活动，对环境的影响较小，并可以增强旅游者的环境保护意识。

（3）从旅游资源价值观的角度定义生态旅游。这一定义强调旅游管理者、旅游者和当地居民的行为规范和旅游规划与开发的资源价值观，通过旅游活动和旅游教育使旅游者和当地居民建立环境保护和环境道德观。

5）科技环境

知识经济的出现，既是工业文明以来技术发展积累的结果，也是人类社会达到一个新的发展阶段的标志。科学技术是现代生产力中最活跃和最具决定性的因素,它直接影响旅游企业的产品开发、设计、销售、服务和管理,影响旅游者的消费方式、消费结构和涉足的地理范围。

6）社会文化环境

社会文化环境是指一定社会范围内的民族特征、语言文字、风俗习惯、宗教信仰、教育水平、行为规范、伦理道德、社会活动等因素的总和。

（1）文化环境。文化环境由一些影响社会的基本价值观、认知、偏好及行为的机构和其他社会组织构成,具体包括一定的态度和看法、价值观念、道德规范、行为方式及世代相传的风俗习惯等。文化作为一种社会氛围和意识形态,时刻在影响着人们的思想和行为,也强烈地影响着旅游消费者的消费喜好、消费行为和购买行为。旅游本身就是一种文化活动,旅游企业开展旅游营销活动要以文化为先导,在旅游产品设计、营销广告创意、营销方案制订和实施等方面都要适应当地的文化传统和宗教信仰。

知识拓展

关注文化环境，尊重宗教信仰

旅游消费者在游览寺庙时要注意以下禁忌：

一忌称呼失当。对寺庙的僧人应尊称为"大师""法师",对道士应尊称为"道长",对住持僧人应尊称为"长老""方丈""禅师",对喇嘛庙中的僧人应尊称为"喇嘛"（即"上师"之意）。

二忌礼节失当。与僧人见面的行礼方式为双手合十,微微低头,或单手竖掌于胸前,头略低,忌用握手、拥抱、摸僧人头部等不当礼节。

三忌谈吐失当。与僧人、道人交谈,不应提及杀戮之词、婚配之事以及食用腥荤之言,以免引起僧人的反感。

四忌行为举止失当。游览寺庙时不可大声喧哗、指点议论、妄加嘲讽或随便乱走,不可乱动寺庙之物,切忌乱摸、乱刻及随意拍照。如遇佛事活动,应静立默视或悄然离开。同时,也要照看好自己的孩子,以免因孩子无知而做出失礼的事。

（2）社会环境。社会因素对旅游者的购买行为具有广泛、持久和深远的影响。社会因素除了国家、地区、阶级、阶层、种族、民族以外,还有参照群体、家庭、社会角色等因素,这些因素会影响人们的消费行为和购买行为。

二、企业营销环境（SWOT）分析

1. SWOT 分析法

SWOT 分析法是被广泛运用的一种"机会-风险"分析法。SWOT 是英语单词 Strength（优势）、Weakness（劣势）、Opportunity（机会）和 Threat（威胁）的首字母缩写。优势是指企业所拥有的市场或产品以及其他在市场竞争中所具有的内在强项，劣势则指不如竞争对手的那些方面，SW 是指旅游企业本身所具有的优势和劣势。机会一般是指有利于本企业快速发展的外部因素，威胁则指不利于企业经营的外部风险，OT 是指来自旅游企业外部的机会和威胁。

2. SWOT 战略分析及选择

在对旅游企业进行 SWOT 分析时，应分析企业的内部环境，列出企业目前所具有的长处和弱点；分析企业外部环境，列出旅游企业外部环境中存在的发展机会和威胁，最后进行组合分析。根据每一种外部环境和企业内部条件的组合，制订出相应的应对策略，如表 2-3 和图 2-2 所示。

表 2-3　SWOT 战略组合分析

组合	应用
优势-机会（SO）组合	企业可以凭借自身的长处和资源来最大限度地利用这个机会，可采取发展型战略
劣势-机会（WO）组合	通过外在的方式来弥补企业的弱点，扭转内部劣势，最大限度地利用外部环境中的机会，宜采取先稳定后发展的扭转型战略
优势-威胁（ST）组合	企业应采用多角化经营战略分散风险，寻求新的机会
劣势-威胁（WT）组合	企业应设法避开威胁，消除劣势，可采取紧缩型战略

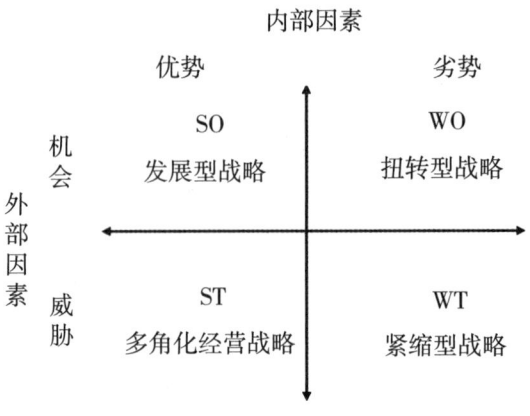

图 2-2　SWOT 分析

任务二 旅游市场营销调研

 **任务导入**

古人云："读万卷书，行万里路。"在旅游群体中，青少年这一群体不容忽视。青少年作为旅游市场上的一个特殊群体，具有一定的经济独立能力和生活自理能力以及相对宽松的时间，同时，青少年有着更多的探索求知和冒险的精神。因此，指导老师要求小明对本校学生进行旅游需求问卷调研。为出色完成任务，小明应该掌握哪些旅游市场营销调研的理论知识和技能？

 **任务讲解**

一、旅游市场调研的概念

旅游市场调研是指运用科学的方法，有目的、有计划、有步骤、系统地收集、记录、整理和分析有关市场营销方面的信息，了解旅游营销环境与市场状况，为旅游企业管理人员进行经营决策提供重要的依据。调研内容具体包括：旅游企业经营环境调研、旅游市场需求调研、旅游市场供给调研、旅游企业经营效果调研、旅游企业经营潜力调研。

根据旅游市场营销过程中出现问题的性质、调查所要达到的目的、收集资料的方法以及市场营销调查在决策中所起作用的不同，旅游市场调研分为以下几种类型，见表2-4。

表2-4 旅游市场调研类型

调研类型	介绍
探测性调研	当旅游市场营销人员无法确定究竟应调查什么问题时所采用的调研形式
描述性调研	旅游企业营销人员对要探讨的问题较清楚时采用的一种方法，最为常见
因果性调研	旅游企业为了搞清楚旅游市场中某种现象的原因和结果之间的数量关系，运用统计分析方法而进行的专项调研
研预测性调研	对市场的发展趋势及其变动幅度作出科学的推断

二、旅游市场营销调研的方法

1. 旅游市场营销调研的基本程序

为保证旅游市场营销调研的系统性与准确性，营销调研活动应根据一定的科学程序进行。一般来说，旅游市场营销调研的基本程序可以分为5个步骤，即确定调研目的和内容、制订调研计划、实施调研计划、编写调研报告、跟踪调研，见图2-3。

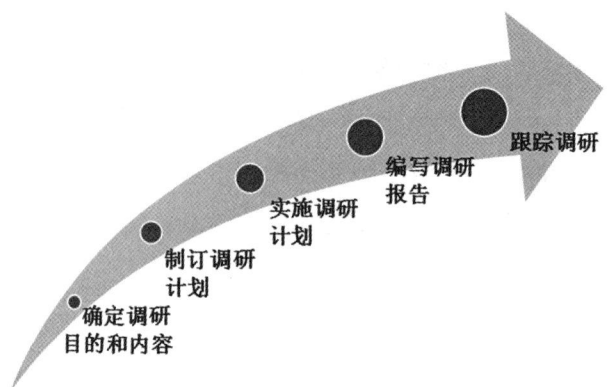

图2-3　旅游市场营销调研的基本程序

如何编写调研报告？

旅游市场营销调研的最终结果就是根据调查资料和分析研究结论写出调研报告，报告的编写要求内容客观、文字简练、重点突出、层次清晰、结论正确。

调研报告一般分为3大部分：

（1）引言。引言简述调研目的、调研主体、调研的对象和过程。

（2）正文。正文包括调研的内容、方法、步骤、调研结果及分析。

（3）附录。附录是给报告使用者应用时所需的信息和必要的附加信息，包括样本的分配、图标及附录。

2. 旅游市场营销调研的方法

根据不同标准，可把市场调研方法分为以下几种：

（1）按调查的范围划分，市场调研方法见表2-5。

表2-5 市场调研方法

调研方法	范 围
全面调研法	对有关对象无一例外地进行普遍调查
典型调研法	对个别有代表性的单位或消费者的调查
抽样调研法	从全部调研对象中选出一部分作为样本进行调查

（2）按调查方式划分，市场调研方法分为观察法、询问调研法、试验法、网上调研法。

3. 旅游市场营销调研技术

进行旅游市场调查不仅要制订周密的调查计划，选择合适的调查方法，而且要善于运用各种调查技术，才能获得完整、准确、有用的资料。最常用的基本技术有调查问卷技术、抽样调查技术。

1）调查问卷技术

调查问卷也称为调查表，是指以书面问答的形式了解调查对象的反应和看法，由此获得资料和信息的一种调查方式。

 **知识拓展**

旅游市场调查问卷范例

亲爱的朋友：您好！衷心感谢您参与我们的问卷调查。本次调查旨在全面了解人们旅游的问题，并据此设计出最适合人们旅游的方式、地点、经费等问题，我们组织了这次调查活动，希望得到您的支持和帮助。本次调查严格按照《统计法》的要求进行，不用填写姓名，所有回答只用于统计分析，我们将会对您的信息进行必要保护。衷心感谢您的支持和协助！祝您生活愉快！

1. 请问您的性别是？

A. 男　　　　　　　　　　　　B. 女

2. 请问您的年龄是？

A. 20 岁以下　　　　　　　　　B. 20~25 岁

C. 26~30 岁　　　　　　　　　D. 31~40 岁

E. 41 岁以上

3. 对于您来说,外出旅游这项活动是?

A. 必不可少　　　B. 视情况而定　　　C. 可有可无　　　D. 没有必要

4. 通常情况下,您获得旅游信息的途径是?

A. 网络(如旅游网站等)　　　B. 杂志期刊

C. 旅行社　　　D. 熟人介绍

E. 电视节目

5. 通常您会选择哪种旅游方式?

A. 在旅行社报团　　　B. 与亲友自助游

C. 与网络上的"驴友"同行　　　D. 独自出游

6. 通常您会选择什么时间旅游?

A. 黄金周　　　B. 周末　　　C. 小长假　　　D. 年休假

E. 寒暑假　　　F. 随时

7. 您一般选择哪种交通工具出游?

A. 飞机　　　B. 火车、高铁

C. 大巴　　　D. 私家车

E. 船、邮轮

8. 您去旅游的最主要目的是什么?

A. 休闲放松,舒缓压力　　　B. 参观游览,增长见识

C. 消磨时间　　　D. 亲身体验,回归自然

E. 陪伴家人、朋友　　　F. 其他

2)抽样调查技术

旅游市场营销调研经常会用到抽样调查法来获得有关信息。这种方法一般从调查单位总体中抽取一部分单位作为样本,以对样本进行调查的结果来推断总体。根据抽样机会是否相等的原则,抽样调查可分为随机抽样和非随机抽样,见表2-6。

表2-6　抽样调查

名　称	抽样调查方法	分　类
抽样调查	随机抽样	简单随机抽样
		分层随机抽样
		分群随机抽样
		等距随机抽样
		多阶段随机抽样

表 2-6（续表）

名　称	抽样调查方法	分　类
抽样调查	非随机抽样	计划抽样
		判断抽样
		便利抽样
		配额抽样

思考与训练

理论题

➤ 单项选择题

1. 如果旅游消费者有带薪假期，他想游山玩水或在家休息，可以满足他目前不同愿望的不同旅游企业属于（　　）竞争者关系。

　　A. 品牌　　　　　B. 一般　　　　　C. 愿望　　　　　D. 产品形式

2. 下列不属于旅游企业营销环境调研的是（　　）。

　　A. 政治法律制度环境调研　　　　　B. 社会经济环境调研

　　C. 旅游者规模及构成调研　　　　　D. 社会文化环境调研

3. 当旅游市场营销人员对所调查的问题或范围不太明确，无法确定究竟应调查什么问题时所采取的调研形式是（　　）。

　　A. 因果性调研　　B. 探测性调研　　C. 描述性调研　　D. 预测性调研

4. 通过对个别有代表性的单位或消费者的调查，来达到对全部消费状况或市场变化趋势的认识的调研方法是（　　）。

　　A. 全面调研法　　B. 典型调研法　　C. 抽样调研法　　D. 试验法

5. 旅游市场营销环境是营销部门外部（　　）的因素和力量，包括宏观营销环境和微观营销环境。

　　A. 可改变　　　　B. 不可捉摸　　　C. 可控制　　　　D. 不可控制

6. （　　）是向旅游企业及其竞争者提供生产经营所需各种旅游资源的企业或个人。

　　A. 旅游供应商　　B. 中间商　　　　C. 广告商　　　　D. 经销商

7. 协助旅游企业促销、销售和经销其产品给最终旅游消费者的机构是（　　）。

　　A. 旅游供应商　　　　　　　　　　B. 制造商

　　C. 旅游中间商　　　　　　　　　　D. 广告商

8.（　　）是旅游企业服务的对象，也是营销活动的出发点和归宿。

A.旅游产品　　　　B.旅游消费者　　　　C.利润　　　　D.市场细分

➢ **多项选择题**

1.下列属于旅游市场营销宏观环境因素的是（　　）。

A.人口分布　　　　　　　　　B.旅游企业

C.公众　　　　　　　　　　　D.经济环境

E.社会文化

2.影响旅游企业营销活动的微观环境因素主要是（　　）。

A.供应商　　　　　　　　　　B.营销中介单位

C.顾客　　　　　　　　　　　D.竞争者和公众

E.消费者收入

3.旅游企业的社会公众环境主要包括（　　）。

A.金融公众　　　　　　　　　B.媒体公众

C.政府公众　　　　　　　　　D.一般公众

E.内部公众

4.我国旅游企业面对的旅游消费市场主要是（　　）。

A.团队及个人旅游市场　　　　B.旅游中间商市场

C.非营利组织市场　　　　　　D.政府市场

E.国际旅游市场

5.旅游市场调研具体内容包括（　　）。

A.旅游企业经营环境　　　　　B.旅游市场需求

C.旅游市场供给　　　　　　　D.旅游企业经营效果

E.旅游企业经营潜力

➢ **判断题**

1.微观环境和宏观环境之间是一种并列关系，微观营销环境并不受制于宏观营销环境，各自独立地影响企业的营销活动。（　　）

2.同一个国家不同地区的旅游企业之间营销环境基本上是一样的。（　　）

3.市场营销环境是一个动态系统，每一环境因素都随着社会经济的发展而不断变化。（　　）

4.许多国家政府对自然资源管理的干预有日益加强的趋势，这意味着市场营销活动将受到一定程度的限制。（　　）

5. 文化作为一种社会氛围和意识形态，时刻影响着人们的思想和行为，但不会影响人们对旅游商品的选择和购买。（   ）

实务题

➢ 单项选择题

1. 市场调研的第一步是（   ）。
   A. 研究二手资料　　　　　　　　B. 选择研究样本
   C. 确定问题　　　　　　　　　　D. 提出可行性的解决方案

2. 下列选项中不属于封闭式问题的答案举例是（   ）。
   A. 是或否　　　　　　　　　　　B. 按 A、B、C、D 选择
   C. 将给定项目按照 1~10 排序　　 D. 试验

3. 旅游企业的营销活动不可能脱离周围环境而孤立地进行，因此旅游企业营销活动要主动地去（   ）。
   A. 控制环境　　B. 征服环境　　C. 改造环境　　D. 适应环境

4. 设计调查问卷时，问题的设计要灵活，以下问题设计正确的是（   ）。
   A. 困窘性问题　　　　　　　　　B. 引导性问题
   C. 确定性问题　　　　　　　　　D. 假设性问题

5. 在决定是否应用市场调研时，下列因素不被考虑的是（   ）。
   A. 这个企业面临着多大的风险
   B. 收集信息时需要多少时间和花费
   C. 决策者是否相信自己拥有足够的知识和经验来作出决策
   D. 以上均为重要的因素

➢ 多项选择题

1. 下列关于 SWOT 战略分析及选择的说法中正确的是（   ）。
   A. SO 组合是指企业处于理想营销环境中，应采取发展型战略
   B. ST 组合采取紧缩型战略
   C. ST 组合采取多元化经营战略
   D. WO 组合企业应采取紧缩型战略

2. 市场营销调研的方法有（   ）。
   A. 比较法　　　　　　　　　　　B. 试验法
   C. 询问法　　　　　　　　　　　D. 观察法
   E. 网上调研法

3. 旅游市场营销调研收集信息的方法有（　　）。
   A. 典型调查　　　　　　　　　　B. 抽样调查
   C. 重点调查　　　　　　　　　　D. 间接调查
   E. 直接调查

4. 一份完整的调研问卷一般是由（　　）部分组成的。
   A. 问卷说明　　　　　　　　　　B. 调查的问题
   C. 调查者情况　　　　　　　　　D. 被调查者情况
   E. 问卷编号

5. 旅游营销部门在制订和实施营销目标与计划时，要（　　）。
   A. 注意考虑企业外部环境力量
   B. 注意考虑企业内部环境力量
   C. 争取高层管理部门的理解和支持
   D. 争取得到政府的支持
   E. 争取其他职能部门的理解和支持

> 判断题

1. 在设计调研问卷时为了简化问卷，每一个问题应当试着包括几个需要考证的概念。（　　）

2. 只要旅游企业制订好营销组合策略，做好内部营销，它的营销活动就一定能够取得很好的营销效益。（　　）

3. 营销活动只能被动地受制于环境的影响，因而营销管理者在不利的营销环境面前可以说是无能为力的。（　　）

4. 旅游企业在进行营销活动时，只需要由市场营销管理部门单独完成工作即可。（　　）

5. 旅游企业的一切经营活动都要以企业的销售利润为中心来进行。（　　）

> 论述题

1. 旅游市场营销的宏观环境包括哪些？
2. 对于旅游企业而言，作为微观环境的公众包括哪些？
3. 简述旅游市场调研的类型。
4. 如何正确理解旅游市场营销宏观环境和微观环境对旅游企业的影响？

 **技能练习**

2018年7月5日，泰国普吉岛附近海域突发特大暴风雨，当地时间17时45分左右，游船"凤凰"号和"艾莎公主"号发生倾覆并沉没。两船乘客中共有122名中国公民，截至7月10日，共有75人获救，45人遇难，另有2人失联。此次事件让很多人都心存惋惜，可就在人们惋惜之际，泰国副总理却表示：这次事故完全是中国人害中国人。泰国副总理竟然说出了这样的话，让众多的中国同胞心寒。在听到这样的言论之后，中国同胞立刻就发起了"总攻"，据泰国《世界日报》报道，7月14日，中国游客取消了7—8月份期间7 300多间普吉岛酒店客房预订，泰国酒店业因此损失约700万泰铢（约合140万元人民币），而普吉岛地区拥有2 000多座酒店，客房达10万多个。最后，迫于普吉岛沉船事件对泰国旅游业的影响，泰国副总理终于承认说谎，并向中国致歉！

分组研讨以下问题：

1. 政治环境对旅游业有哪些影响？
2. 完成一个青少年到泰国旅游的调研问卷。
3. 要开展营销活动，如何改善政治经济环境？

要求：自由组合成小组（每组3人），并展开自由讨论，撰写分析报告，最后选派1名代表进行汇报。

项目三　旅游消费者购买行为分析

 学习目标

通过本项目的学习，学生应掌握旅游消费者购买行为的概念以及旅游消费者的购买动机；能够分析旅游消费者购买行为的意义；理解影响旅游消费者购买行为的因素；理解旅游产品购买决策的主要参与者；能用所学理论知识指导"旅游消费者购买行为分析"的相关认知活动。

 知识点和难点

知识点

- 旅游消费者购买行为及购买动机
- 影响旅游消费者购买行为的因素
- 旅游消费者购买决策过程

难点

- 旅游消费者购买行为分析

 **案例导入**

旅游不是 Play——中国人旅游需求与行为方式调查

背景与情境

不事生产不事研发，中国人到处走走，这里看看那里看看，迄今为止创造的财富已超乎你想象。到 2015 年底，整个旅游产业产值已占国民生产总值的 11%，超过了与民生领域关联最高的教育、银行和汽车产业。高达 1.2 亿人次的中国出境游让中国人在数字上又"雄踞世界第一"，并在全球许多国家刮起"中国旋风"，除了在地缘上与中国接近的日本、韩国、泰国等国家成为 2015 年和 2016 年国庆境外游热点外，远一些的国家如俄罗斯和澳大利亚的旅游热度也增长迅猛，成为 2016 年度"十一"黄金周期间第三和第六热门的境外游目的地。

根据对搜狗、微信搜索 2017 年国庆旅游关键词绘制的情绪指数图，可以看出：虽然经济高速发展了三十年，中国民众大多数仍是"食色"动物，美食、美景成为 2017 年国庆节期间人们最为关注的关键词，"台风、加班、景区破坏"等负面因素，对一到假期就蠢蠢欲动的上亿中国人而言，这些都不算个事。在旅游目的和心理诉求上，人们体现出了承受现代城市快节奏生活的典型"代偿"需求：选择休闲度假和解脱疲惫的较多，选择自然风光的较多，而名胜古迹的较少。

年龄层次对人们的选择也有影响：工作、生活压力大的青壮年出游主要是为了休闲和"解脱疲惫身心"；还没正式步入职场的"00 后"旅游的最大心理诉求是"拥有值得分享的经历"，盼望旅游可以带来日常生活和学习中没有的"炫耀感"和"新奇感"。

旅游也有城乡差别。数据结果显示：城里人旅游倾向真的"休闲"，乡镇人很多是为了满足"看世界"的需要；中等收入者出游是为解除疲劳，高收入人群则更多是为了情感联络，希望通过旅游来"享受和亲友旅游的感觉"，家庭年收入较低者要求则很简单，就是希望通过旅游来"炫"一下，以期获得"值得分享"的经历。事实上，收入水平也决定人们的旅游频次和旅游消费、食宿价位等的选择。从数字来看，虽然酒店住宿仍是主流，但近年民宿开始远超青年旅舍，成为国内新流行起来的热门选择，而且对民宿的青睐具有普遍性，并不受游客的收入高低影响。

对旅游细节的偏好也有性别差异。比如，女性更小资，偏爱"感受当地文化"，更爱拍照，与男性比，更像一个分享狂人，更追求纪念价值等。而男性游客则更爱开车、冒险，更爱野游，也更有精力。女性则比男性更倾向静态旅游、边打工边旅游和一边做志愿者一边旅游。在自助游和自驾游方面则无分男女，其已成为出游的热门新选择。

以家庭为单位的旅游选择近来则出现一些新趋势：家庭年收入越高的受访者，选择享受私人订制服务旅游的占比就越大。家庭年收入越低的受访者，选择边做志愿者边旅游和边打工边旅游方式的占比就越大。

"90后"偏爱自然风光多于名胜古迹。这个年龄段人群因为暂时还没有经济压力，对世界充满强烈的好奇与探索欲，而且对自己亲身体验的旅游场景、评价和情感喜欢分享到自己的好友圈，边游边"晒"成为"90后"旅途中的主流行为。与长一点的人喜欢成群结队旅游不同，超过半数的"90后"受访者选择自助游，并且喜欢独自旅游。与上一代人相比，"90后"更体现出"我的主张我做主"，是追求"真自由"和身心独立的"新新人群"。

从结果来看，不管社会怎么变化，科技进步如何发展，人性的进化很慢，千年难变，在旅游的本质需求、旅游行为和心理满足方面，亦是如此。

问题

对国人旅游需求和消费行为进行详细描述（分析）有什么重要意义？

分析

由引例可见，不同国家、不同细分市场的旅游者的购买行为各具特点，其购买行为及决策过程各不相同，影响其购买行为的因素也复杂多样。作为营销主体的旅游产品生产商、旅游目的地政府等只有深入分析旅游者的购买行为，才能据以制订有针对性的营销策略。不难看出，分析旅游者购买行为是成功实现旅游营销的基础和前提条件。

任务一　旅游消费者购买行为概述

 **任务导入**

伴随中高考结束和学生放假，铁路、民航暑运已正式启动，每年的7—8月份也将迎来一年之中最重要的暑期旅游狂欢季。中国旅游研究院院长戴斌表示，"每当暑期来临，无论省内、国内还是世界，'哪儿凉快哪儿待着去'已经成为老百姓常态化的生活选项"。指导老师要求小明对"00后"旅游消费者出游的动机进行分析，并完成分析报告。为了出色地完成任务，小明应该掌握哪些旅游消费者购买行为的理论知识？

 **任务讲解**

旅游消费者是指旅游产品的最终消费者，包括购买旅游产品的个人或家庭，如观光旅游者、度假旅游者、商务旅游者、会议旅游者等。旅游消费者购买旅游产品是为了满足个人物质和精神的需要，无牟利目的。

一、旅游消费者购买行为及购买动机

1. 旅游消费者购买行为

旅游消费者购买行为是指旅游消费者个体在收集有关旅游产品的信息进行决策和在购买、消费、评估、处理旅游产品时的行为表现，它是指旅游消费者购买旅游产品的活动及与这种活动有关的决策过程。旅游消费者购买行为是旅游消费者个人特征、社会影响因素及环境影响因素共同作用的结果。

旅游消费者个人特征包括个人客观条件（包括年龄、职业、经济状况、生活方式、自我观念和个性等）和主观心理特性（包括感觉、动机、学习过程、信念和态度等）。社会及环境影响因素包括参与团体、家庭、社会阶层、组织及文化因素等。

旅游企业营销人员了解并研究旅游者购买行为，就是为了清楚地回答在既定的营销环境和营销活动作用下有关市场的问题（图3-1），同时，旅游营销人员还应该了解旅游消费者的购买决策过程。

旅游消费者为什么购买？ 他们要购买什么样的旅游产品和服务？ 他们如何购买？	何时购买？ 在何地购买？ 与谁一起购买？ 由谁来购买以及购买多少？

图3-1　在既定的营销环境和营销活动作用下有关市场的问题

2. 旅游消费者的购买动机

动机可以看作是需要获得满足的过程，需要是一种内心状态，它使某种结果具有吸引力。当需要未被满足时，就会产生紧张，进而激发个体的内驱力，这种内驱力导致寻求特定目标的行为；如果目标实现，则需要得到满足，紧张得以解除，动机过程见图3-2。

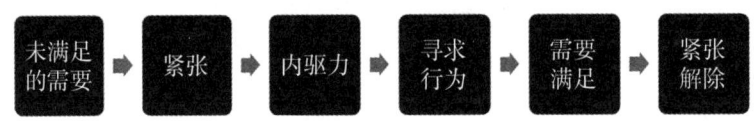

图3-2　动机过程

旅游动机是多种多样的，由于旅游消费者的国家、民族、职业、性别、年龄、文化程度的不同，旅游消费者旅游的动机和目的也各不相同。有的为了消遣娱乐，有的为了追新猎奇，有的想了解异国文化，有的重在探亲访友等。就是同一旅游者，在不同时间或条件下，其旅游动机也会发生变化。

知识拓展

旅游动机的分类

美国学者罗伯特·W·麦金托什把人的基本旅游动机分为4类：

（1）身体健康方面的动机。身体健康方面的动机包括休息、运动、消遣、娱乐以及其他与身体健康直接有关的动机。紧张繁忙的工作、繁杂的家务、生活的压力使得人们身体和精神都感到疲惫，为了放松身心，缓解压力，摆脱日常事务的干扰，人们产生了旅游动机，如观光、度假、疗养、参加保健、健身和娱乐活动。

（2）文化方面的动机。文化方面的动机是指为了解异国他乡的文化，丰富知识，

扩大视野而产生的动机。如了解异国异地历史文化传统、风俗习惯、音乐、舞蹈、绘画和宗教等，参观宗教圣地、历史遗迹，寻访名胜，参加学术和艺术交流活动。

（3）人际方面的动机。人际方面的动机即社会交往交际方面的动机，包括接触其他民族、结交新朋友、探亲访友、寻根、回国及家庭联系等。这类动机是为了社会交往，与社会保持经常性接触。

（4）地位和声望方面的动机。这类动机与自我需要和个人发展有关，出于这类动机的旅游包括事务旅游、会议旅游、考察旅游以及实现个人兴趣爱好的旅游、求学旅游等。这类旅游可以使旅游者被注意、被承认、被赏识、被尊重、获得良好的声望。

二、旅游消费者购买行为的意义

1. 分析旅游消费者购买行为是了解旅游市场的重要内容

旅游企业的营销活动首先是从市场调研、搜集市场信息开始的，其中的一项重要内容即是进行旅游消费者购买行为分析，弄清影响购买者购买决策的各种角色，针对购买者或市场的各个方面分别搜集有关信息。

2. 分析旅游消费者购买行为是制订旅游营销计划的基础

旅游消费者受旅游营销环境、旅游营销活动以及自身因素的影响决定购买旅游产品。所以，对于旅游营销活动而言，旅游营销人员只有在适应营销环境、符合旅游者购买行为特征的基础上制订营销计划，才能产生良好的营销效果。

3. 分析旅游消费者购买行为对制订旅游企业经营战略具有重要意义

旅游营销人员可以通过对旅游消费者购买行为的调研和市场的调查进行具体深入的分析，使营销计划达到一个高的层次，这样不仅可以牢牢抓住旅游消费者的购买心理，也可以使自身的实力不断增强，使旅游企业处于不败的位置。

4. 分析旅游消费者购买行为有利于旅游企业利用各种资源实现营销目的

旅游企业的营销资源只有围绕各个方面进行整合利用，才能使企业的旅游营销战略更具有针对性和可操作性，最终才能实现企业的旅游营销目标。

三、影响旅游消费者购买行为的因素

旅游消费者的购买行为是指旅游者购买旅游产品的活动及与这种活动有关的决策

过程。旅游者的旅游消费活动受到个人、社会和环境等因素的影响，呈现出复杂性和多样性。这些因素中，有些可以为营销管理人员所掌握和控制，也有一部分是旅游营销活动难以控制但必须重视的。对这些因素进行分析，对旅游企业进行市场细分、市场定位及旅游产品的开发都有十分重要的意义。旅游消费者购买行为影响因素如图 3-3 所示。

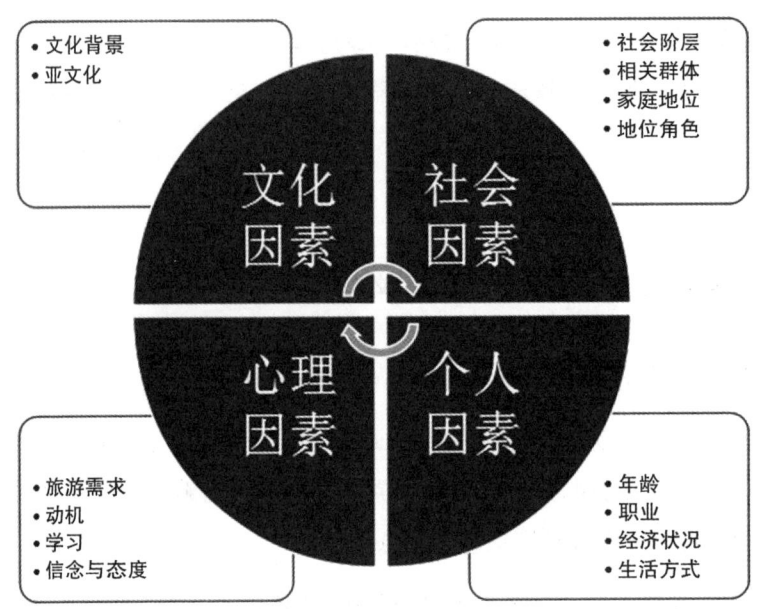

图 3-3　旅游消费者购买行为影响因素

1. 文化因素

文化因素主要是指文化和亚文化。文化是指人类在社会发展过程中所创造的物质财富和精神财富的总和，这里的文化主要指精神文化，包括思想、道德、哲学、艺术、宗教、价值观、审美观、信仰、风俗习惯等方面的内容。不同国家、不同地区在文化上往往存在着较大差异。人们在不同的社会中成长，受到不同文化的影响，必然会形成不同的价值观念、行为习惯和对待事物的方法，文化影响着人们的生活方式和行为方式。

 **知识拓展**

传统文化影响下的中国人的旅游消费心理和行为特点

中国传统文化博大精深，源远流长。在这种文化背景中繁衍生息的中华民族，其价值观念、思维方式、生活方式、消费观念等都有其独特性。中国传统文化对中国人的旅游消费心理与行为的影响也是多方面的，并使中国的旅游消费者形成了其特有的旅游消费心理和行为特点。正确地认识和科学地分析我国传统文化影响下的旅游消费心理与行为特点，对旅游企业在新产品设计与开发、服务的推广以及制订营销策略等方面都具有重要的现实意义。一般来说，中国人的旅游消费心理和行为具有以下特点：①注重人情和求同的旅游消费动机；②勤俭节约的旅游消费观念；③含蓄的民族性格和谦逊的旅游消费行为；④以家庭为主的旅游消费准则；⑤注重知觉判断的旅游产品购买决策方式。

2. 社会因素

旅游消费者的购买行为也受到一系列社会因素的影响，这些因素主要是社会阶层、相关群体、家庭、角色与地位。

1）社会阶层

在旅游动机上，上层旅游者愿意享受富裕的生活方式，对身份和自我形象比较注重，常常会选择著名的海滩、温泉、大海中的群岛去度假；中等阶层喜欢寻求新的经历，爱冒险，愿意参加旅游团体；对下层的旅游者来说，到遥远的地方旅游是轻率和费钱的，他们会选择附近的度假村去度假，或选择国内的旅游区去旅游。一些企业的营销人员正是在分析了社会阶层的旅游需求之后，定位了自己的服务目标，如新加坡香格里拉饭店的香宫就是专门为上层消费者服务的，而汽车旅馆则是面向中低层消费者的。在中国，大众消费的工薪阶层是国内旅游市场的主体。

2）相关群体

相关群体是指以一定方式结合在一起，具有共同目的，彼此相互影响、相互作用，心理上有共同感并具有情感联系的人群。相关群体对旅游消费者的态度和行为有直接或间接影响，可分为首属群体和次属群体两类。首属群体是个人直接生活在其中，与群体成员有直接交往和亲密人际关系的、消费者经常受其影响的群体。首属群体往往是非正式组织，如家庭、邻居、朋友、同事等，群体与成员之间保持着经常性的互动关系。次属群体是按照一定规范建立起来的、有明确社会结构的群体，如工会、学生会、各种宗教组织、各类专业协会等。次属群体是消费者不经常受其影响的群体，多为正式组织，群体与成员之间的相互影响较少。

3）家庭

家庭所处生命周期的不同发展阶段对旅游活动产生重要影响。美国的瓦格纳和汉娜将现代家庭生命周期分为8个阶段：单身阶段、新婚阶段、满巢一期、满巢二期、满巢三期、空巢一期、空巢二期、鳏寡期。家庭的发展变化，意味着家庭消费的变化，对旅游的需求会有很大的不同。例如，无子女的新婚期家庭有时间，有金钱，无子女，无负担，对旅游往往十分感兴趣。空巢期的老年人，经济和身体状况较好的，常会结伴外出旅游。随着我国人口逐渐老龄化，空巢家庭将成为老人家庭的主要形式，老年人闲暇时间多，有的老年人有退休金，还有积蓄，"银发市场"将是旅游市场中一个潜力很大的细分市场。

知识拓展

中国银发旅游市场

随着国内经济水平和旅游热度的提升，中老年人群体的出行活跃度节节攀升，同时在人口老龄化的趋势下，"银发一族"带来的旅游市场价值潜力巨大。对于想积极进入银发市场的旅游企业来说，必须对老年人市场进行仔细的研究。

1. 银发市场的规模

老年游客出游总量与2个因素有关：一是老年人总量。我国老年人的数量正以每年3%的速度增加，到2030年将达到3.1亿人，届时老年人口量将占全国总人数的20.4%。二是出游率。目前老年旅游者的出游率只有56%，这一数字明显低于全国城镇居民94%的出游率。二者关系如公式：老年游客数量＝老年人总量×出游率。

因此，提高出游率就能提高出游人数。这样的话，作粗略估计，到2030年可能出游的老年人数按60%计算，为1.86亿人，出游频度为1.5次，就可能达到2.79亿人次，出游率按60%计算，为1.674亿人次。因此，在未来的30年间，每年的老年旅游者将保持7.3%的持续增长，这一速度是非常可观的。

2. 老年消费者的经济能力

老年人经济收入状况，是决定老年旅游市场规模和容量的关键因素。以城市老年人为例：领取退休金的人数占有相当的比例，2000年老年人用于购买老年产品和服务的支出就已达到4 000亿元人民币，且相当一部分的老年人退休后又重新找到工作，他们除退休金外，还有其他的收入。

据中国老龄科学研究中心的一项调查，城市老年人中42.8%的人拥有储蓄存款。随着我国经济的发展，老年人收入的不断提高，为老年旅游的发展开辟了广阔的空间。

3. 银发旅游者的消费观念

一直以来，老年人都被"勤俭持家，谨慎消费"的观念束缚，他们"重积累，轻消费"，

间或有大额的消费支出，也是"重子女，轻自己"。随着社会进步和经济收入的提高，花钱买健康、花钱买潇洒正成为现代老年人的时尚追求。

现在的老年人多数是在物质和精神生活相对贫乏的年代度过他们的青春年华，一直没有机会满足各种生活追求。因此，当他们从繁重的工作和家庭负担中解脱出来后，就会发出强烈的补偿要求，希望自己的晚年生活能过得幸福、充实、绚丽多彩。

4. 银发旅游者的闲暇时间

我国的老年人绝大多数都是离、退休在家，可自由支配的时间充裕，出行时间相对自由。老年人有了自己的消费欲望，也有充分的可支配闲暇时间，这意味着他们不仅可以旅游，而且极有可能在阶段时间内多次旅游，市场潜力可观。

4）角色与地位

人们往往选择与自己的角色与地位相符合的产品，一些产品和品牌有可能成为身份和地位的象征。如大公司的CEO在商务旅行时会选择五星级酒店入住，而五星级酒店设立总统套房也是为了显示旅游者的特殊身份地位，满足旅游者的特定心理需要而设计的。

3. 个人因素

旅游消费者的购买行为还受到个人因素的影响，包括个性与自我形象、经济状况、生活方式、职业、年龄和人生阶段等。

1）个性与自我形象

个性即人格特质，是个人带有一定倾向性的、本质的、较稳定的心理特征。个性一般包括对现实的态度、意志、情绪和理智4个主要特征。如自信、大胆、自卑、谨慎、独立或依赖、孤独或合群、急躁或冷静等可以表达不同的个性特征。著名心理学家C·G·莱格将人的个性分为外倾型和内倾型。一般而言，外倾型的人性格开朗、活泼，独立性强，善于表达自己的感情；内倾型的人不爱交际，沉稳安静，做事谨慎保守。

2）经济状况

经济因素是决定一个人消费能力的主要因素，旅游消费需求的实现取决于一定的可随意支配收入、储蓄和资产，不同收入阶层表现在消费观念、消费方式、消费偏好及需求模式上是不同的。如随着中国经济的发展，居民可随意支配收入的增加，旅游消费支出在越来越多的家庭中所占比例呈上升趋势，在经济相对发达的地区和大城市，旅游已成为人们日常生活的一部分。

低出游倾向特征与高出游倾向特征见表3-1出行倾向表。

表3-1 出行倾向表

低出游倾向特征	高出游倾向特征
家庭收入低	家庭收入高
单亲家庭	双亲（有工作）家庭
农村居民	大城市居民
仅接受最低教育	具有较高任职资格
年龄较大（75岁以上）	年纪较轻
无私人交通工具	家中有2辆或多辆汽车
带薪假期少于3周	带薪假期在6周以上

3）生活方式

生活方式就是在人的活动、兴趣和意见上表现出的生活模式，具有不同生活方式的人，在个人偏好、需求特征、购买行为等方面具有许多不一样的特点。生活方式是影响个人行为的心理、社会、文化、经济等各种因素的综合反映。如有些消费者把大量时间和精力投入到工作和学习中，期望在事业上取得成绩，他们属于事业型。有些消费者富有生活情趣，讲究生活质量，希望生活丰富多彩，乐于在这方面花费时间、精力和金钱，他们则属于享乐型。

4）职业

在旅游购买行为中，旅游者的职业差异使旅游需求存在很大差别。职业在很大程度上决定收入水平、闲暇时间、人的社会地位，从而影响旅游购买行为。

5）年龄和人生阶段

在人的一生中，随着年龄的变化，人们不断改变着生理和心理状态，收入水平、消费需求也会随之相应地发生改变。不同年龄阶段的人对旅游需求和偏好是不同的，而且随着年龄的增长，还会不断改变其需求及购买行为。

营销人员应根据每一阶段消费者的行为特点制订适当的营销策略。此外，年龄还会影响到婚姻、家庭状况，使家庭也具有生命周期。旅游购买行为还会因为处于家庭生命周期的不同阶段而呈现出不同特点，受到家庭生命周期阶段的影响。

4. 心理因素

旅游消费者的购买决策受到4种心理因素的影响：动机、知觉、学习、信念和态度。

1) 动机

动机就是强烈得能驱使人采取行动的需要。美国心理学家亚伯拉罕·马斯洛的"需求层次论"将人类需要分为5个层次：生理需求、安全需求、社会需求、尊重需求和自我实现需求，见图3-4。

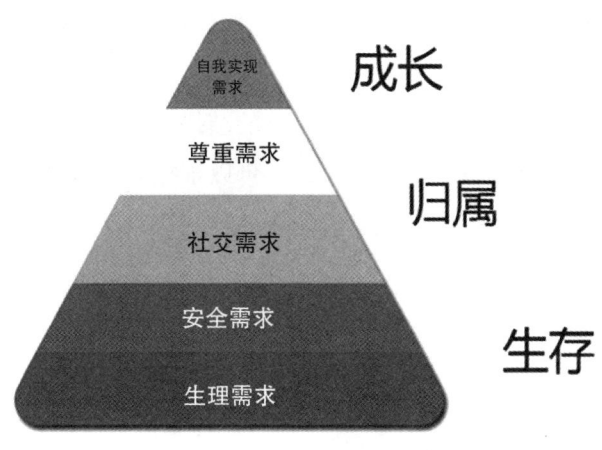

图 3-4 马斯洛需求层次

旅游需求源于人们不同层次的需求，如对需要度假疗养、保健康复、体育健身的旅游者而言，生理和安全需求是产生旅游需求的主要原因。旅游消费者的旅游需求也会受心理因素的驱使，主要有求名心理、求廉心理、求美心理、求新心理、求便心理、社交心理等。

2) 知觉

知觉有直接知觉、间接知觉之分。直接知觉取决于亲身的旅游体验，取决于旅游景观的独特性、观赏性，旅游设施的方便性、安全性、舒适性及旅游服务的质量与水平等；间接知觉主要是通过广告、宣传、媒体、互联网、展销会、旅游手册等获得的有关旅游目的地的知觉印象。知觉就是旅游消费者对旅游企业、旅游市场、旅游信息的了解、认识及反应，对旅游目的地的知觉印象是旅游消费者决定是否去旅游的重要依据。

3) 学习

学习是由于经验而引起的个人行为上的变化。如一个人去麦当劳就餐，在用餐的同时他在观察感受员工态度是否友好，环境是否清洁，服务是否热情周到，食品质量是否令人满意。用餐的体验会让消费者对餐厅形成满意或不满意的评价，在内心建立起对该店形象的评判，直接影响到是否再去消费或推荐他人前去消费。

4) 信念和态度

信念和态度是指一个人对某些事物的看法、评价、知觉和倾向。旅游者对某种旅游产品态度越肯定、越积极，发生这种旅游消费行为的可能性就越大。通常人们会把对事物的各种态度归纳为心理上喜欢或不喜欢两大类，从而偏好程度大为不同。平均来说，满意的顾客会向 3 个人讲述买了件好产品，而不满意的顾客会向 11 个人抱怨。迪士尼和麦当劳均把儿童作为自己的毕生顾客，它们的经营理念是要让儿童在长成少年、成为父母、成为祖父母时还回来光顾，把他们当作能保证未来生意的人来对待。

综上所述，影响旅游购买行为的因素是多方面的，消费者做出的消费选择是文化、社会、个人、心理等诸多因素共同作用和影响的结果，这些因素使消费者的行为呈现出不同的特征。对旅游企业营销工作者来说，可以根据旅游者消费心理与消费行为的不同特征，采取适当的营销措施对旅游消费者的购买决策产生影响，这对于企业开展营销工作具有重要意义。

任务二 旅游消费者购买决策过程

 **任务导入**

小明完成了《"00后"旅游消费者出游的动机分析报告》之后,老师非常满意,紧接着,老师要求小明进一步分析,哪些因素会影响"00后"旅游消费者的购买决策?为了出色地完成任务,小明应该掌握哪些旅游消费者购买决策的相关知识?

 **任务讲解**

一、旅游产品购买决策的主要参与者

旅游产品购买决策在许多情况下并不是由一个人单独做出的,而是有其他成员的参与,是一种群体决策的过程。因此,了解哪些人参与了购买决策,他们各自在购买决策过程中扮演怎样的角色,对于旅游营销主体的营销活动是很重要的。一般来说,在一项旅游产品购买决策中发挥作用的有 5 种角色,见表 3-2。

表 3-2 旅游产品购买决策的角色表

角 色	说 明
发起者	首先提出要购买某种旅游产品的人
影响者	对发起者的建议表示支持或者反对的人
决策者	对是否购买、怎样购买有权进行最终决策的人
购买者	执行具体购买任务的人
使用者	旅游产品的实际使用人

在购买决策中,这五种角色相辅相成,共同促成了购买行为,是旅游营销主体营销的主要对象。如"夕阳红"旅游产品的购买者不一定是老年人自己,也可以是老年人的子女。

二、旅游消费者购买决策过程

美国著名的消费者行为专家维尔科把消费者行为定义为：消费者行为是人们进行选择、购买和使用产品及服务以满足需要和愿望的一系列活动，这些活动除了涉及人们的身体活动外，还涉及精神和情感过程。旅游消费者个体在进行旅游决策及旅游产品购买、消费、评估、处理时的各种行为表现，统称为旅游者购买行为。旅游消费者对旅游产品的购买活动是通过一定的购买过程来完成的，这个过程在实际购买之前就开始，一直延续到实际购买之后。西方学者提出过不少消费者购买决策过程的模式，但目前较完整、较系统、一般采用的是5个阶段的模式，包括认识需要、收集信息、评价方案、购买决策、购后行为5个阶段，见图3-5。

图 3-5 购买决策过程

1. 认识需要

这是购买决策形成的第一步，旅游消费者的购买过程是从问题识别，引起需要开始的。旅游消费者面对的实际状态与欲求状态的不平衡使其产生需要，一般来说，旅游需要来自两个方面：一是内在刺激，来自消费者自身，是引起需要的内驱力。如某人连续加班工作数月，感到身心俱疲，想要休息放松，这是需求的内在刺激。二是外在刺激，即来自外部环境的刺激。如某人在电视中看到了避暑山庄的历史和风光介绍，手中有关于避暑山庄及外八庙的旅游宣传册，于是决定选择去承德旅游，这是广告宣传对需求者购买欲望的刺激，是外在刺激。

2. 收集信息

消费者形成了旅游消费的动机后，就要收集旅游市场的有关信息。旅游消费者的信息主要有4个来源：个人来源（从家庭、朋友、邻居、同事、熟人等处获得信息）；商业来源（从广告、营销人员、经销商、展览、旅游产品介绍、宣传品等渠道获得）；公共来源（从广播、电影、电视、书报杂志等大众传播媒介或社会组织获得）；经验来源（从以往的旅游产品消费中获得的经验）。

3. 评价方案

旅游消费者在收集有关自己所需要的旅游产品信息的基础上，会自觉或不自觉地建立起对产品的评价标准,这些标准总括起来有两种:理想产品标准和期望值标准。理想产品标准是消费者根据个人需要构想出一种"理想产品",这种理想产品是多种属性的组合,如价格、品质、服务、可用性等,具备某些消费者所需的主要属性和特性,消费者为其确定出理想水平或可接受的水平值,然后将待选择的实际产品与理想产品对比,确定自己的购买方案。期望值标准是消费者对于待选择产品的不同属性和特性进行心理评价,以打分的形式评定其重要性程度,再用每一属性的权数与分数值的乘积之和作为产品的期望值,最后将期望值最高的某一产品作为购买对象。实际上,消费者极少运用如此复杂的数量分析方法来评价和选择旅游产品,多数运用的是理想产品标准。

4. 购买决策(决定购买)

旅游消费者获知旅游产品信息,比较了可供选择的产品后,就会形成购买意向,在购买意向与购买决策之间,还会受到他人态度、意外事件、"知觉风险"的影响。如听到对所选产品的反对意见、企业产品出现重大质量问题、政治经济形势发生了骤变等,这些因素都可能使消费者改变或放弃旅游购买意向。在众多可行方案中,消费者真正选择何种产品,还受到"知觉风险"的影响,因消费者不能确切地知晓购买后的结果,所以购买行动会或多或少地冒一定风险,这也会影响消费者的购买行为。

5. 购后行为

旅游消费者购买和消费了旅游产品后,其消费经历会让他产生两种感受:满意和不满意。当消费者所做出的购买选择满足了自己的需要,达到了预期标准,与他的信念、态度相一致时,就会产生满足感,可能会出现重复旅游和动员他人来旅游的购后行为。如果消费者体验没有达到预期的标准,与其购买前的信念、态度不一致,则会让他感到不满足、失望,甚至产生抱怨情绪,这种经验也会存储于记忆之中,影响其日后的信念和态度。

思考与训练

理论题

> 单项选择题

1. (　　)是人类欲望行为最基本的决定因素。

　　A. 文化　　　　B. 性格　　　　C. 国家　　　　D. 社会

2. 消费者的购买单位是个人或（　　）。

　　A. 集体　　　　B. 家庭　　　　C. 社会　　　　D. 单位

3. 马斯洛认为需求按其重要程度划分，最低层次需求是指（　　）。

　　A. 生理需求　　B. 社会需求　　C. 尊敬需求　　D. 安全需求

4. 消费者购买过程是消费者购买动机转化为（　　）的过程。

　　A. 购买心理　　B. 购买意志　　C. 购买行动　　D. 购买意向

5. 旅游消费者在购买旅游产品之前已有了大致的购买目标，有对旅游产品和服务的消费意向，但对产品的具体内容要求还不十分明确，最终的购买是经过反复比较选择后才完成的。这属于（　　）购买行为类型。

　　A. 全确定型　　B. 半确定型　　C. 不确定型　　D. 习惯型

6. 旅游新产品、时尚产品对（　　）消费者具有较大吸引力。

　　A. 理智型　　　B. 冲动型　　　C. 经济型　　　D. 情感型

▶ 多项选择题

1. 旅游消费者购买行为是（　　）等因素共同作用的结果。

　　A. 旅游者个人特征　　　　　　B. 社会影响因素

　　C. 环境影响因素　　　　　　　D. 相关群体因素

　　E. 购买心理因素

2. 一个国家的文化包括的亚文化群主要有（　　）。

　　A. 语言亚文化群　　　　　　　B. 宗教亚文化群

　　C. 民族亚文化群　　　　　　　D. 种族亚文化群

　　E. 地理文化群

3. 美国学者罗伯特·W·麦金托什把人的基本旅游动机分为（　　）。

　　A. 身体健康方面的动机　　　　B. 文化方面的动机

　　C. 人际方面的动机　　　　　　D. 地位和声望方面的动机

　　E. 商务方面的动机

4. 小李的父母刚刚退休了，小李鼓励他们出去旅游，游览祖国的名山大川，并为他们在某旅行社买好了海南双飞五日游产品，小李在这个决策中的角色是（　　）。

　　A. 发起者　　　　　　　　　　B. 影响者

　　C. 决策者　　　　　　　　　　D. 购买者

　　E. 使用者

5. 以下（　　）是按旅游动机细分的市场。

　　A. 体育赛事　　　　　　　　　B. 名人婚典

C. 植物开放期　　　　　　　　D. 某种反常气象发生

E. 特殊日子到来

> 判断题

1. 家人、亲属、朋友、伙伴等是最典型的主要的非正式群体。（　　）

2. 消费者的需求与动机成正比，即需求越强烈，动机也越强烈。（　　）

3. 一般旅游消费者对不太熟悉的产品，有许多性能需要了解，或者产品较昂贵，购买冒风险时，多采用情感型购买方式。（　　）

4. 通常企业并不试图去改变消费者对其产品、服务的态度，而是使自己的产品、服务和营销策略符合消费者的既有态度。（　　）

5. 在旅游者购买决策过程中，有5种角色在起作用，在每一次的购买决策中需要5个以上的人，5种角色相辅相成，共同作用。（　　）

实务题

> 单项选择题

1. 下列不属于旅游消费者购买动机过程的是（　　）。

A. 为满足需要　　B. 紧张　　　　C. 学习　　　　D. 内驱力

2. 一位旅游消费者到某景点旅游，其间经历了许多不愉快，比如导演素质低、"宰客"现象等，于是他决定以后再也不去那个旅游目的地了，这种情况属于影响旅游者购买行为的心理因素中的（　　）。

A. 旅游需求　　B. 动机　　　　C. 学习　　　　D. 信念和态度

3. "大公司的CEO在商务旅行时会选择五星级酒店入住，而五星级酒店的总统套房也是为了显示旅行者的特殊身份地位，满足旅行者的一定心理需要而设计的。"这是社会因素中的（　　）在起作用。

A. 社会阶层　　B. 家庭　　　　C. 相关群体　　D. 角色和定位

4. 迪士尼和麦当劳均把儿童作为自己的毕生顾客，它们的经营理念是要让儿童在长成少年、成为父母、作为祖父母时还能回来光顾，把他们当成能带来生意的人来对待。这主要是因为心理因素中的（　　）在起作用。

A. 旅游需求　　B. 动机　　　　C. 学习　　　　D. 信念和态度

5. 下列（　　）不是影响消费者购买行为的主要因素。

A. 文化因素　　B. 社会因素　　C. 自然因素　　D. 个人因素

> 多项选择题

1. 旅游消费者获知旅游产品信息，比较了可供选择的产品后就会形成购买意向，在购买意向与购买决策之间,还会受到(　　)的影响。

　　A. 营销事件　　　　　　　　　　B. 他人态度

　　C. 意外事件　　　　　　　　　　D. 知觉风险

　　E. 推广活动

2. 旅游消费者在收集有关自己所需要的旅游产品信息的基础上,会自觉或不自觉地建立其对产品的评价标准,这些标准总括起来有(　　)。

　　A. 产品属性　　　　　　　　　　B. 价格水平

　　C. 质量水平　　　　　　　　　　D. 理想产品标准

　　E. 期望值标准

3. 相关群体会对旅游消费者的行为产生的影响有(　　)。

　　A. 为消费者个人提供新的生活方式和行为方式

　　B. 影响消费者个人的态度、价值观、审美观、消费需求、消费偏好

　　C. 影响消费者对产品、服务、品牌等的评价和选择

　　D. 产生一种压力,迫使或促使人们的消费行为趋于一致

　　E. 形成统一的群体规范,群体共同遵守

4. 旅游消费者购买决策过程分为5个阶段,即(　　)。

　　A. 识别阶段　　　　　　　　　　B. 收集信息

　　C. 评价方案　　　　　　　　　　D. 购买决策

　　E. 购后评价

5. 旅游消费者购买行为是(　　)等因素共同作用的结果。

　　A. 旅游者个人特征　　　　　　　B. 社会影响

　　C. 环境影响　　　　　　　　　　D. 相关群体

　　E. 购买心理

6. 处于相同社会阶层的人,在(　　)等方面往往存在相似之处,处于不同社会阶层的人在上述方面会存在较大差别。

　　A. 价值观　　　　　　　　　　　B. 生活方式

　　C. 兴趣　　　　　　　　　　　　D. 消费偏好

　　E. 消费行为

7. 生活方式就是在人的(　　)等方面上表现出来的生活模式。具有不同生活方式的人,在个人偏好、需求特征、购买行为等方面具有许多不一样的特点。

　　A. 活动　　　　　　　　　　　　B. 兴趣

C. 意见　　　　　　　　　　D. 信念

E. 态度

> **判断题**

1. 传统文化影响下的中国人的旅游消费心理和行为特点之一，是注重人情和求异的旅游消费动机。（　　）

2. 在旅游消费中，外倾型旅游消费者大都喜欢新奇的体验，求异心理比较强，喜欢前往特色鲜明的旅游场所，乐于接触和感受异国他乡的文化，旅游过程中强调自主性和灵活性。（　　）

3. 工会、学生会、各种宗教组织、各类专业协会等属于次属群体，是旅游消费者不经常受其影响的群体，多为正式组织，群体与成员之间的相互影响较小。（　　）

4. 消费者通过行动和学习建立自己对某事物的信念和态度，信念和态度反过来又会影响该旅游消费者的购买行为。（　　）

5. 顾客的信念并不决定企业和产品在顾客心目中的形象，也不决定其购买行为。（　　）

> **论述题**

1. 旅游消费者购买行为的概念是什么？
2. 旅游消费者购买动机包括哪几个方面？
3. 对旅游消费者购买行为进行分析的意义是什么？
4. 论述旅游消费者购买决策过程。

技能练习

2017年12月29日，知名旅行类公众号"一木行"发表了一篇名为《雪乡的雪再白也掩盖不掉纯黑的人心！别再去雪乡了！》的文章。文章讲述了作者在网上预订了一家名为"赵家大院"的农家院，而当自己到达雪乡时，却被老板强行要求换房、补差价，并威胁不要在网上乱评论等恶劣行为。此文章一经发表，迅速引起全网热议。

"雪乡宰客"事件自2017年12月29日被曝光后，文章被各个平台转发，舆论持续升温，而在2018年1月3日有关部门公开调查和处理结果以及各大媒体发布相关报道的当天，事件热度突然暴涨，"雪乡"搜索热度以及相关新闻数量在几个小时内达到高峰值，相关新闻总数量达17 146条，其中超过6 158条提到了"宰客""欺诈游客"的话题，舆论影响人次超过6亿。事件热度持续一个月，直到2018年2月份才开始逐渐降温。根据相关数据统计,当地的网络满意度从旺季前的92.64%骤降至65.28%,很多游客因此取消了雪乡游玩的行程,部分民宿在事发后一天被退掉6间房。在一则拍摄雪乡事发后的视频中,拍摄视频的女子指着空无一人的雪乡,表示就因为这些负面消息的曝出,"雪乡都没人来了"。"雪乡宰客"事件给雪乡和当地旅游业造成了巨大的损失,雪乡被标上了"黑心""宰客"等标签。

分组研讨以下问题:

1. 结合以上案例,分析移动互联网时代旅游消费者的购买行为有哪些变化?
2. 哪些因素会影响互联网时代旅游消费者的购买决策?

要求:自由组合成小组(每组3人),并展开自由讨论,撰写分析报告,最后选派1名代表进行汇报。

项目四　旅游市场细分与定位

 **学习目标**

通过本项目的学习，学生能学习和把握旅游市场细分的概念与作用，旅游目标市场的概念，旅游市场定位的概念与意义等理论知识；能用所学理论知识指导"旅游市场细分与目标市场选择"的相关认知活动，培养和提高在特定业务情境中分析问题与决策能力。

 **知识点和难点**

知识点

- 旅游市场细分
- 旅游目标市场选择
- 旅游市场定位

难点

- 旅游市场定位策略的选择

 **案例导入**

大槐树景区以文化创新拓展细分市场领域

背景与情境

近年来，山西临汾大槐树景区深入挖掘旅游文化，大力发挥旅游对文化消费的推动作用，在各大网站全方位、高覆盖、大力度宣传推介的同时，对客源市场进行细分，了解游客的消费需求，创新性地提出"华人大槐树、节庆大槐树、景观大槐树、休闲大槐树、人文大槐树"等5个大槐树，让"家"文化融入新的创意和理念，催生新兴旅游客源。

2010年，大槐树景区将宣传营销部进行改制，实施新的营销手段，制订新的营销模式，将市场划分为4个区域，每个区域市场配备专职营销人员，定期外出促销，逐步将景区文化和理念带入客源市场；2011年，大槐树景区将市场进一步细分，通过人员推介、广告宣传、电话拜访、上门促销等方式对北京和内蒙古、河南和江苏、陕甘宁三大重点市场进行重点培养，并且逐步开辟河北、山东等新兴的客源市场，扩大景区影响力，仅此一项大槐树景区2011年就迎来游客32万人次，为景区带来上千万元的经济效益。

资料来源：临汾市旅游局. 大槐树景区以文化创新拓展细分市场领域[EB/OL]. (2012-06-19) [2019-08-17]. http://news.cntv.cn/20120619/111159.shtml.

问题

大槐树景区是如何进行市场细分，开展营销活动的？

分析

由引例可见，任何旅游企业都难以用单一的旅游产品来适应各类旅游消费者的需求，旅游企业必须根据消费者的需求对整个旅游市场进行细分。通过市场细分，有针对性地了解消费者的需求，确定自己的服务对象，开展定制营销，这是现代企业宣传促销、快速打开市场的科学手段和常用方式，但在各地旅游景区中还不多见，对各地旅游景区开展宣传促销具有一定的示范和带动效应。市场细分是旅游企业目标营销的前提和基础，在现代市场营销中占据重要地位。

任务一　旅游市场细分

 **任务导入**

"裸心"是一个度假村品牌，旗下拥有位于浙江德清莫干山保护区内的两座度假村："裸心堡"和"裸心谷"。这种乡野情趣旅游产品依傍上海这样缺乏自然旅游资源的大型城市而生。有资料显示，3年多时间里，6间土屋陆续接待了超过3 000名客人。据裸心官方公布的数据显示，每间房间每年的利润是100万元，这个数字几乎是静安香格里拉每间房间年盈利55万元的2倍。"裸心"成为了中国最赚钱的度假村之一。

现拟安排小明等同学在专业老师和度假村小马的带领下开展"裸心谷"旅游市场调研工作，并在调研的基础上进行科学的市场细分，为其目标市场的选择提供科学依据。为了出色完成此次任务，同学们应该学习并掌握哪些旅游市场细分的基本理论知识？

 **任务讲解**

一、旅游市场细分的概念与作用

市场细分的原理和概念由美国市场营销学家温德尔·斯密于1956年提出。旅游市场细分是目标市场选择和市场定位的基础，是旅游企业实施旅游市场营销组合策略的前提。

1. 旅游市场细分的含义

旅游市场细分是指旅游企业为了达到向特定旅游消费者提供特定的产品及服务的目的，根据旅游消费者不同的需求特征，将整体旅游市场划分为若干个不同类别的旅游消费群的过程。每一个旅游消费群就是一个细分市场或子市场，其中每一个子市场都是由具有一个相同需求或欲望的消费者构成的群体。

2. 旅游市场细分的作用

进行市场细分有助于旅游企业开拓新的市场机会，有助于旅游企业制订正确的营销策略，有助于旅游企业扬长避短，发挥优势，合理利用企业资源，还有助于旅游企业制订灵活的竞争策略。

二、旅游市场细分的标准

市场细分的依据是旅游者消费需求的差异性。造成旅游消费需求多样化的所有因素，几乎都可视为市场细分的依据或标准（又称为细分变量）。市场细分常用的4个细分标准是：地理细分、人口统计细分、心理细分和行为细分。

1. 地理细分

地理细分是指旅游企业根据消费者所在的地理位置、地形气候、空间位置等变量细分市场，见表4-1。地理变量细分市场的主要理论依据是：处在不同地理环境的旅游消费者对旅游企业的产品有不同的需求和偏好。

表4-1 地理细分的不同变量

变 量	分 类	例 子
地理位置	可分为洲别、国别和地区等	将世界旅游市场分为欧洲市场、美洲市场、东亚及太平洋地区市场、南亚市场、中东市场和非洲市场
地形气候	分为热带旅游市场、亚热带旅游市场、温带大陆性气候旅游市场、温带海洋性气候旅游市场、寒带旅游市场等	在冬季，南方游客去北京、哈尔滨等地；北方游客去海南、桂林、云南等地
空间位置	分为远程、中程和近程旅游市场	

2. 人口统计细分

人口统计细分是指根据各种人口统计变量，如年龄、性别、家庭生命周期、收入、职业、受教育程度、信仰、种族和国籍等，把市场划分成不同的群体。由于人口统计变量较其他变量更容易识别和衡量，与消费者的欲望、偏好、文化习惯及购买频率等都有密切联系，因此，人口统计变量是划分旅游市场中最常用且实用的标准。

（1）年龄、性别和家庭生命周期。一般来讲，按照年龄段可以将旅游市场划分为儿童旅游市场、青年旅游市场、中年旅游市场和老年人旅游市场，各旅游市场的需求特点也表现出了明显的差异性。

家庭是消费的基本单位。家庭结构、规模和总收入等状况都会直接影响旅游需求，这些因素又随着家庭生命周期阶段的不同而变化。

（2）收入、职业与受教育程度。旅游购买力同个人收入之间的关系是正向的，收入越高，可自由支配收入越多，旅游消费的支配能力就越大。旅游消费者的职业、受教育程度会直接影响到旅游需求的程度、层次、类型和内容。

（3）信仰、种族和国籍。一般来讲，可以按照国籍来进行人口统计细分，但是一些国家禁止按照族群进行人口统计细分，主要考虑历史原因以及不准确性。

3. 心理细分

心理细分是以旅游消费者的心理特征来细分市场，将旅游消费者按照生活方式和个性特征分为不同的群体。

（1）生活方式。按照生活方式细分市场是根据人们的习惯活动、消费倾向、对周围事物的看法及人们所处生活周期来划分，生活方式不同会带来需求差异。

（2）个性特征。不同的消费者因家庭背景、受教育水平及生活、学习和工作环境等方面的差异而形成不同的个性。如有人活泼好动，有人文雅安静；有人喜欢冒险，有人追求浪漫；有人喜欢独自旅游，有人喜欢结伴而行等。消费者个性的差异必然导致对旅游产品有不同的偏好和选择。因此，旅游产品的创新应充分考虑旅游消费者个性的差异性，推出各具鲜明特色的旅游产品以迎合不同个性消费者群体的需求。

4. 行为细分

行为细分是指根据旅游消费者的购买动机、方式、偏好程度、所追求的利益、使用频率及消费行为特征细分市场。由于旅游消费者的行为会导致消费的最终实现与否，因而成为细分市场至关重要的出发点。

（1）时机细分。旅游活动的时间性、季节性比较突出，根据购买时机变量可将旅游市场划分为淡季、旺季和平季等细分市场，还可以细分出寒暑假市场，以及春节、劳动节、国庆节、双休日等节假日市场。通过购买时机细分可以帮助旅游企业实现产品销售的最大化。例如，各种会议、体育赛事、节庆日、名人婚典或寿庆、植物的开花期、采果期、某种反常气象的发生（如潮汐、飓风、日食等自然现象）、某些特殊日子等均可成为旅游企业的卖点。

（2）所追求的利益。旅游消费者在购买旅游产品时，往往追求的利益侧重不同，所以他们在选择旅游产品时在质量和品牌上都有区别。

（3）购买频率及数量。根据旅游消费者购买旅游产品的频率可将消费者分为未旅游者、首次旅游者和多次旅游者。

以上4种变量是旅游市场营销细分的主要标准，在旅游企业的实际营销过程中，用于细分市场的变量并非仅限于这些。旅游企业应根据自身的优势和外部环境，选择细分变量，进行具体的市场细分。

**知识拓展**

运用细分标准进行市场细分时应注意的事项

旅游企业在运用细分标准进行市场细分时，必须注意以下问题：

（1）旅游市场细分的标准是动态的。旅游市场细分的各项标准不是一成不变的，而是随着社会生产力及旅游市场状况的变化而变化的，如年龄、收入、城镇规模、购买动机等都是可以变的。

（2）不同的旅游企业在市场细分时应采用不同标准。因为各旅游企业的生产技术条件、资源、财力和营销的产品不同，所采用的标准也应有所区别。

（3）旅游企业在进行市场细分时，可采用一项标准，即单一变量因素细分，也可采用多个变量因素组合或系列变量因素进行市场细分。

三、旅游市场细分的程序

旅游市场细分是一项非常复杂的工作，只有用科学的程序来指导，细分工作才能有条不紊地进行。根据美国市场营销学家麦卡锡的观点，市场细分的程序一般有以下7个步骤：

1. 确定旅游产品的市场范围

旅游企业在确定经营目标后，要根据自身的能力和营销目标选择所要生产的产品和细分的市场，并确定旅游企业经营的市场范围。

2. 了解旅游市场需求

在选择目标市场范围后，旅游企业以人口、地理、行为、心理、经济等各种因素为标准，大致估算潜在消费者的需求，以了解市场需求状况，并以此作为依据进行市场细分。

3. 分析可能存在的旅游细分市场

通过了解消费者的不同需求，分析旅游消费者的地区分布、人口特征、购买行为等，考虑分析可能存在的细分市场。

4. 确定旅游细分市场标准

在可能存在的旅游细分市场中，存在着不同的需求因素，旅游企业应分清哪些需求因素对自己进行市场细分是最重要的。

5. 为可能存在的旅游细分市场命名

根据潜在顾客基本需求上的差异，进一步调查研究已确定的细分市场，将其划分为不同的群体或子市场，根据各个细分市场消费者的主要特征，赋予每个子市场一定的名称。

6. 分析各旅游细分市场的具体特点

深入考察细分市场的特点，分析各市场消费者的不同需求和购买行为，了解影响细分市场新的因素，以决定各细分市场是否需要再细分或重新组合，从而不断适应市场的变化。

7. 评估各旅游细分市场

评估每一细分市场的规模，即在调查的基础上，估计每一细分市场的顾客数量、购买频率、平均购买量等，并对细分市场上产品竞争状况及发展趋势进行分析评估。

任务二 旅游目标市场选择

 **任务导入**

"裸心园"在2020年正式开业，裸心园拥有108间精致客房，点亮了这个地区独有的大自然馈赠，并鼓励人们热爱与珍惜这片土地。你可以泡个温泉，让天然水源为你洗尽疲惫，滋养身心；可以在果园里采摘时令水果，学习制作新鲜果酱；或在度假村里多样的户外活动中开展一场冒险之旅。从抵达到离开，裸心园带来的丰收与快乐，就像能让人长久回味的美好果实。

现拟安排小明等同学在专业老师的带领下在一个月内完成"裸心园"目标市场的选择。为了出色地完成此次任务，同学们应该学习并掌握哪些旅游目标市场选择的基本理论知识？

 **任务讲解**

一、旅游目标市场的概念

旅游目标市场是指，旅游企业在市场细分的基础上所选定的并决定为其服务的那部分消费者群。目标市场的选择是在旅游细分市场的基础上，选择一个或几个细分市场作为营销对象的过程。市场细分是目标市场选择的前提和基础，目标市场选择则是市场细分的目的和归宿。

 **知识拓展**

旅游企业进行目标市场选择的原因

（1）对旅游企业而言，并非所有的市场机会都具有同等的吸引力，并非每个市场都是旅游企业愿意进入和能够进入的。

（2）由于资源有限，一家旅游企业无法提供市场内所有旅游者所需要的产品或服务，而只能选择能发挥自己优势范围内的旅游者作为自己的服务对象。

（3）旅游企业只有确定具体的服务对象，即选择目标市场，才能科学制订市场营销战略，提高市场竞争力。

二、旅游目标市场模式

旅游企业在确定目标市场时，必须考虑选择一定的模式，以确定企业目标市场的范围与营销方式。旅游企业对目标市场模式的选择要结合企业实际情况，参照各模式的优缺点，可供旅游企业选择的目标市场模式有以下 5 种。

1. 旅游产品 – 市场集中化

旅游企业从产品和市场的角度出发，将目标市场集中在一个旅游细分市场上，针对某一特定的旅游消费者群体，只生产一种旅游产品，开展旅游市场营销活动，见图 4-1。旅游产品 – 市场集中化模式可使旅游企业更加了解细分市场的需要，采用针对性的旅游市场营销组合策略，从而获得强有力的市场地位、良好的声誉和较好的经济效益。该模式由于产品、市场单一，经营风险较大。

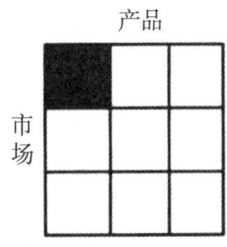

图 4-1　旅游产品 – 市场集中化

2. 旅游产品专业化

旅游企业同时向几个不同的消费者群体（细分市场）提供同一种产品。旅游企业由于面对不同的消费者群，其提供的旅游产品可以在档次、质量、功能上有所不同，这样可以使自己的产品在市场上树立起很高的声誉，见图 4-2。旅游产品专业化模式有利于旅游产品的深度开发，达到"人无我有，人有我优"的效应，但是却忽略了旅游市场上的不同需求，因而难以让所有旅游消费者都满意。

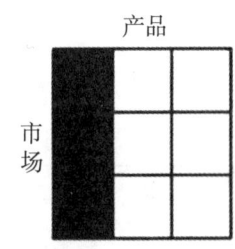

图 4-2　旅游产品专业化

3. 旅游市场专业化

旅游企业为满足某个旅游消费者群（细分市场）的需要，为其提供各种不同的或系列化的旅游产品（服务），以极大限度地满足该类旅游消费者群的各种需要，见图 4-3。旅游市场专业化模式要求旅游企业有较强的旅游产品开发能力且自身资源较丰富。

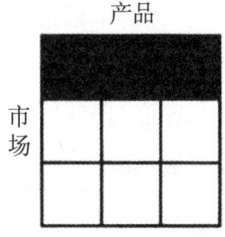

图 4-3　旅游市场专业化

4. 选择性专业化

旅游企业选择若干个不同的旅游消费者群（细分市场）并分别为其提供不同的旅游产品，见图 4-4。选择性专业化模式的优点是：多种旅游产品针对多个市场，实行多元化经营，能分散旅游企业的经营风险，即使其中某个细分市场失去了吸引力，旅游企业还能在其他细分市场盈利；缺点是：在分散风险的同时，也分散了旅游企业的经营投资力量，企业需要在不同的市场上同时与多个竞争对手竞争。

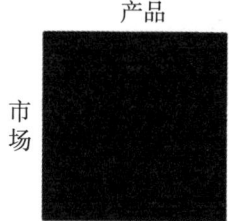

图 4-4 选择性专业化

5. 全面市场

旅游企业选择所有细分市场（整个市场）作为目标市场，全方位地提供所有旅游消费者需要的不同的旅游产品。一般实力强大的大型旅游企业才能采用这种市场覆盖模式，见图 4-5。全面市场模式的优点是：旅游企业发展多元化、专业化、产业化经营，利润丰厚；缺点是：需要有大量繁重的调研工作和维护工作作为后盾，投资数额巨大，产品成本较高。

三、旅游目标市场策略

旅游企业选择的目标模式不同，营销策略也不一样。一般情况下，旅游企业在选择目标市场时有以下 3 种策略可供选择使用，即无差异市场策略、差异性市场策略、集中性市场策略，见表 4-2。

表 4-2 旅游目标市场策略

策略	定义	优点	缺点	适用性
无差异市场策略	将整个市场视为一个同质的目标市场，推出一种旅游产品	可以降低旅游成本；规模效应显著，容易形成品牌效应	忽视了旅游消费者的差异性需求，对市场需求的变化反应迟钝，市场适应能力差	高度垄断性的旅游产品以及新上市的旅游产品（投入期的旅游产品）
差异性市场策略	针对每个目标市场的需求特点设计不同的产品	小批量，多品种经营，能满足旅游消费者需求，有利于扩大销售，降低旅游企业的经营风险	资源分散经营，难以形成旅游产品销售的规模经济效益，增加旅游企业的成本和经营费用	适用具有雄厚的资源和一定规模的旅游企业

表 4-2（续表）

策　略	定　义	优　点	缺　点	适用性
集中性市场策略	将资源集中在某一个或少数细分市场上，实行高度的专业化经营	有利于发挥优势，取得有利的地位，降低旅游企业的营销成本	过分依赖小部分市场，具有较高的风险	适用于资源有限的中小型旅游企业

任务三 旅游市场定位

任务导入

小明在专业老师的指导下,完成"裸心园"目标市场的选择之后,需要进行市场定位,小明应该学习并掌握哪些旅游市场定位的基本理论知识?

任务讲解

一、旅游市场定位的概念

1. 旅游市场定位

旅游市场定位是指旅游企业针对潜在旅游消费者的心理进行营销设计,创立产品、品牌或企业在目标客户心目中的某种形象或某种个性特征,保留深刻的印象和独特的位置,从而取得竞争优势的一种营销活动。其实质是寻求建立某种产品的特色和树立某种独特的市场形象,以赢得旅游消费者的认同。其核心内容是努力实现旅游产品差异化与旅游形象差异化。例如,哈尔滨市的城市定位是黑龙江省省会、我国东北部中心城市、国家重要的制造业基地、历史文化名城和国际冰雪文化名城。洛阳市的市场定位是"千年帝都""牡丹花城"。周庄是中国最具代表性的水乡古镇。

2. 旅游市场定位的意义

旅游市场定位是旅游企业有效地实施目标市场策略的重要步骤。它直接关系到旅游企业能否最终开拓市场、占领市场、战胜竞争对手、夺取稳定的市场地位、求得进一步发展等一系列重要问题。

旅游市场定位的意义:①有利于旅游企业有针对性地开展营销活动;②有利于旅游企业强化在旅游消费者心目中的地位;③有利于旅游企业拓展目标市场潜力。

二、旅游市场定位的程序

旅游企业积极主动地与目标顾客进行沟通，引起目标顾客的关注与兴趣，使目标顾客了解、熟悉旅游企业的市场定位，并逐渐对该企业的市场定位产生认同、喜欢和偏爱并购买本企业的产品，从而实现企业目标。

在旅游市场定位时，一般采取的程序，见图4-6。

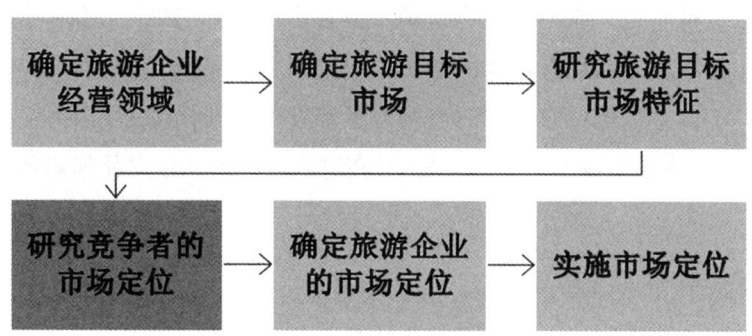

图 4-6 旅游市场定位的程序

三、旅游市场定位方法

旅游市场定位主要有5种方法，见表4-3。

表 4-3 旅游市场定位方法

定位方法	定 义	例 子
特色定位	根据目标顾客所看重的某种利益进行定位	北京的城市定位为：国家首都、世界城市、文化名城、宜居城市
垄断定位	强调唯一性的定位	秦始皇陵兵马俑，再现公元前古战场之壮观
"价格-质量"定位	根据旅游消费者对"价格-质量"之间联系的认识定位	旅游企业可用高质高价来树立优质名牌形象
使用者定位	旅游企业对准一定的目标群体，针对旅游者的不同偏好、需求来定位自己的产品	
竞争定位	针对市场竞争态势，来突出自己优势的一种定位方法	泰山为五岳之首

四、旅游市场定位策略

旅游企业的市场定位策略主要有以下3种。

1. 竞争性定位策略

竞争性定位策略是指旅游企业将市场定位在竞争者附近，生产或提供与竞争者相同（相似）的产品或服务。该策略易导致竞争的加剧，所以适合于一些实力雄厚的大旅游企业或在某领域确有一技之长的中小旅游企业。

2. 补缺性定位策略

补缺性定位策略是指旅游企业将市场定位在市场"空白处"，即有潜在需求，而竞争者无法（或不愿）满足其需求的市场，如美国宇航局拟开发太空旅游。实施该策略的条件是：①该空白市场有足够的市场容量和发展空间；②进入该空白市场必须能盈利；③必须有进入该市场的资源、能力，并在进入后能迅速建立品牌知名度和美誉度，占领市场。

3. 重新定位策略

重新定位策略是指旅游企业变动产品特色、改变目标顾客对其原有的印象，使目标顾客对其产品新形象有一个重新认识的过程。重新定位对于旅游企业适应市场营销环境，调整旅游市场营销战略是必不可少的。

旅游企业的定位即使很恰当，但在出现下列情况时也需考虑重新定位：

（1）竞争者推出的旅游产品市场定位在本企业产品的附近，侵占了本企业品牌的部分市场，使本企业品牌的市场占有率有所下降。

（2）旅游消费者的偏好发生变化，从喜欢本企业的旅游产品转移到喜爱竞争对手的旅游产品。

旅游企业在重新定位前，须考虑2个因素：

（1）旅游企业将自己的定位从一个市场转移到另一个市场的全部费用。

（2）旅游企业将自己的产品定位在新位置的投资回报有多少，而这又取决于市场上的购买者和竞争者情况，取决于在该市场上销售价格能定多高。

理论题

> 单项选择题

1.（   ）是目标市场选择和市场定位的基础。

  A. 旅游消费者市场　　　　　　　　　　B. 市场细分

C. 儿童旅游市场　　　　　　　　　　D. 老年旅游市场

2.（　　）是指旅游企业在市场细分的基础上，所选定的并决定为其服务的那部分消费者群。

A. 市场细分　　　　　　　　　　　　B. 旅游目标市场

C. 市场定位　　　　　　　　　　　　D. 产品定位

3. 旅游市场定位的实质是（　　）。

A. 寻求建立某种产品的特色和树立某种独特的市场形象，以赢得旅游消费者的认同

B. 实施差异化营销

C. 获取更大的企业利润

D. 达到宣传促销的目的

4. 旅游市场定位的核心内容是（　　）。

A. 寻求建立某种产品的特色和树立某种独特的市场形象，以赢得旅游消费者的认同

B. 降低旅游企业的营销成本

C. 在目标市场中取得有利的地位

D. 努力实现旅游产品差异化与旅游形象差异化

5. 市场细分的概念是20世纪50年代中期由美国的著名市场营销专家（　　）在总结一些企业的实践经验后提出来的。

A. 麦卡锡　　　　　　　　　　　　　B. 温德尔·斯密

C. 罗伯特·劳特朋　　　　　　　　　D. 菲利普·科特勒

➢ **多项选择题**

1. 市场细分的作用包括（　　）。

A. 有助于旅游企业开拓新的市场机会

B. 有助于旅游企业制订正确的营销策略

C. 有助于旅游企业扬长避短、发挥优势、合理利用企业资源

D. 有助于旅游企业选择正确的促销方式

E. 有助于旅游企业制订灵活的竞争策略

2. 无差异市场策略的优点是（　　）。

A. 可以降低旅游成本

B. 规模效应显著，容易形成品牌效应

C. 能满足不同旅游消费者的需求

D. 可以降低旅游企业的经营风险

E. 造成社会地位差异

3. 关于旅游目标市场选择和市场细分的关系说法正确的是（　　）。

　　A. 两者既有区别也有联系

　　B. 目标市场选择是市场细分的基础

　　C. 目标市场是细分市场的目的和归宿

　　D. 不通过市场细分也可以选择目标市场

　　E. 在细分市场的基础上只允许选择一个细分市场作为营销对象

4. 集中性市场策略的缺点是（　　）。

　　A. 难以形成旅游产品销售的规模经济效益

　　B. 忽视了旅游消费者的差异性需求

　　C. 市场适应能力差

　　D. 旅游企业过分依赖小部分市场，具有较高的风险

　　E. 被选中的细分市场可能变质，会给企业带来致命打击

5. 旅游市场定位的意义在于（　　）。

　　A. 有针对性地开展营销活动

　　B. 强化企业在消费者心目中地位

　　C. 提高产品价格

　　D. 有利于企业拓展目标市场

　　E. 有利于企业战胜竞争对手

> 判断题

1. 科学合理的目标市场只有通过准确的市场定位才能产生。　　　　　（　　）

2. 旅游市场细分后每一个子市场都是由具有一个相同需求或欲望的消费者构成的群体。　　　　　　　　　　　　　　　　　　　　　　　　　　　（　　）

3. 旅游目标市场上消费者群的市场需求即是旅游企业的主要经营对象。（　　）

4. 市场定位是市场细分的目的和归宿。　　　　　　　　　　　　　（　　）

5. 旅游市场细分是旅游企业为了达到向特定旅游消费者提供产品及服务的目的，根据旅游消费者不同的需求特征，将整体旅游市场划分为若干个不同类型的旅游消费者群的过程。　　　　　　　　　　　　　　　　　　　　　　（　　）

实务题

> 单项选择题

1. 下列（　　）是收集信息中不道德的行为。

　　A. 从竞争对手的垃圾信息中收集

B. 从购买和分析竞争对手的产品中收集

C. 从竞争对手的消费者调查中收集

D. 以上都是

2. 北京—巴黎航线推出的"尊贵经济舱",介于公务舱和经济舱之间,乘客可以将双腿平伸,同时享受快捷便利服务,深受乘客的欢迎。这是旅游产品定位中的(　　)。

　　A. 根据价格-质量定位　　　　　　B. 垄断定位

　　C. 根据产品特色定位　　　　　　D. 竞争定位

3. 对于资源有限的中小型旅游企业来说,为发挥企业优势,降低营销成本,应选择的目标市场策略是(　　)。

　　A. 差异性市场策略　　　　　　B. 集中性市场策略

　　C. 无差异性市场策略　　　　　　D. 分散性市场策略

4. 将世界旅游市场细分为六大旅游区域,即欧洲市场、美洲市场、东亚及太平洋地区市场、南亚市场、中东市场和非洲市场,这属于(　　)。

　　A. 地理细分　　　　　　　　　　B. 人口细分

　　C. 心理细分　　　　　　　　　　D. 行为细分

5. 旅游市场定位的第一步是(　　)。

　　A. 确定目标市场　　　　　　　　B. 分析竞争者

　　C. 实施市场定位　　　　　　　　D. 确定企业经营范围

➤ **多项选择题**

1. 旅游企业在进行市场细分时要做到(　　)。

　　A. 可衡量性　　　　　　　　　　B. 可占领性

　　C. 合适性　　　　　　　　　　　D. 可接近性

　　E. 可预测性

2. 企业分析评估细分市场主要从(　　)方面考虑。

　　A. 各细分市场的规模和潜力　　　B. 各细分市场的吸引力

　　C. 企业本身的目标和资源　　　　D. 各细分市场的同质性

　　E. 各细分市场的异质性

3. 一般来说,可供旅游企业选择的目标市场营销策略主要是(　　)。

　　A. 无差异性市场营销策略　　　　B. 差异性市场营销策略

　　C. 分散性市场营销策略　　　　　D. 集中性市场营销策略

　　E. 领先性市场营销策略

4. 根据旅游者性别差异特点，旅游企业应开发（　　）产品满足男性旅游者的偏好和需求。

  A. 商务旅游　　　　　　　　　　B. 体育旅游

  C. 探险旅游　　　　　　　　　　D. 购物旅游

  E. 康乐旅游

5. 针对消费者购买频率及数量对旅游消费的影响，作为旅游企业可以采取（　　）手段开拓市场。

  A. 启动需求，引导消费　　　　　B. 提高游客满意度

  C. 降低产品价格　　　　　　　　D. 产品创新

  E. 做好广告宣传

▶ 判断题

1. 为准确选定目标市场，市场细分做得越细越好。（　　）
2. "商道即人道，要学会经商，先学会做人"强调要遵守营销道德，要求旅游企业在组织各项营销活动时，始终要把消费者的利益放在首位。（　　）
3. 一个理想的目标市场必须有足够的市场需求，否则无法开展营销活动。（　　）
4. 如家酒店的"有所不为，有所多为，有所少为"宗旨是为了满足顾客的核心需求。（　　）
5. 美国宇航员拟开发的太空旅游是属于补缺型定位策略的体现。（　　）

▶ 论述题

1. 旅游市场细分的含义是什么？
2. 旅游市场定位的意义是什么？
3. 旅游市场定位策略有哪些？
4. 旅游市场细分与目标市场选择之间有何关系？

技能练习

斯堪的纳维亚航空公司：成功的营销

  简·卡尔森接任斯堪的纳维亚航空公司总经理时，公司正陷入亏本经营中。斯堪的纳维亚航空公司过去一直无重点地争取所有旅客，没有给任何旅客提供优惠。事实上，该公司被看作是欧洲不守时的运输公司。卡尔森需要解决竞争引起的许多问题：谁是

我们的顾客？他们需要什么？我们必须做什么来赢得他们的喜爱？

卡尔森决定，把斯堪的纳维亚航空公司的服务重点放在经常搭乘飞机的商人的需要上。但他意识到，其他航空公司也是这样想的，他们也会采取商务航班和提供免费饮食及其他娱乐的方法。斯堪的纳维亚航空公司必须找到更好的方法，才能成为商务旅客偏爱的航空公司。其出发点从市场调研开始，找出在航运服务中经常往来的商务旅客需要和期望什么样的服务方式。目标是在100个服务细节上做到百分之百的优秀，而不仅仅在一个细节上做到百分之百。

市场调研表明，商务旅客首先要求的是准时到达，同时也要求能快捷地办理乘机手续和取回行李。卡尔森指定了许多任务，迫使下属提出改进这些服务和其他服务的设想。于是他们考虑了数百个方案，卡尔森从中选择了159个方案，共花了4 000万美元费用付诸实施。

方案关键之一是训练公司全体员工树立完全的顾客导向思想。卡尔森推算出平均每一航程中每1位旅客平均与该公司5位员工接触，两者的相互接触产生一个"关键时刻"。假如每年有500万乘客搭乘该公司的飞机，则一年有2 500万个或使顾客满意或使顾客不满意的"关键时刻"。为了在公司内养成正确对待顾客的态度，该公司送10 000名第一线员工参加服务讲习班并送25 000名管理人员进行为期3周的课程学习。卡尔森认为第一线人员是公司接待顾客的最重要人员，公司经理的作用是帮助第一线人员做好自己的工作，而他作为总经理的作用则是帮助经理支持第一线的工作人员。

结果在4个月内，公司就成为欧洲最准时的航空公司，而且继续保持这个纪录。起飞前的登记系统也非常快，包括对住在该公司旅馆旅客的服务，可直接把旅客的行李送到机场和飞机上装载；在飞机着陆时，该公司也同样很快就把行李卸下来。其他创新是该公司将全部客票作为商务级客票发售，除非乘客想乘较经济的航班。公司在商务空运业中声誉的改善，使其在欧洲的满员客运量增长8%，洲际满员客运量增长16%。在空运市场纷纷降价而客源没有增长的情况下，这是很不容易的。

卡尔森对斯堪的纳维亚航空公司的影响，说明了当公司的领导创立了公司的远景和使命时，就会激励全体员工向共同的方向前进——满足目标顾客，就能满足顾客的要求并取得利润。

分组研讨以下问题：
1. 卡尔森上任之初向全员提出的3个问题，说明卡尔森引导全员确立公司什么问题？
2. 卡尔森的目标市场策略是如何确立的？他成功的主要原因是什么？

要求：自由组合成小组（每组3人），并展开自由讨论，撰写分析报告，最后选派1名代表进行汇报。

项目五　旅游市场营销策略

 学习目标

通过本项目的学习，学生应理解旅游产品的概念及特征；理解旅游产品生命周期的概念及各阶段特点；掌握旅游产品生命周期各阶段的营销策略；理解旅游产品的品牌、定价、分销渠道和促销的概念与类型等；掌握策划旅游新产品应遵循的原则；掌握旅游新产品开发的程序；掌握旅游新产品推广策划；能用所学理论知识规范"旅游市场营销策略"的相关技能活动。

 知识点和难点

知识点

· 旅游产品开发策略

· 旅游产品价格策略

· 旅游产品分销渠道策略

· 旅游产品促销策略

难点

· 旅游产品价格策略

项目五 旅游市场营销策略

案例导入

河北省丰宁县举办中国"马会"打造"草原马文化"

背景与情境

2011年8月6日,作为"2011京北第一草原狂欢季"的一项重要活动,河北省丰宁满族自治县政府与旅游部门举办了全国性的"马术文化节比赛",当地以发展旅游、推动经济发展为目的,努力在京津周边打造以"草原马文化"为依托的新鲜文化节会活动。

摆脱了老百姓牵马带游客在草原上溜达的简单、小玩闹模式,2011年全国性的"马会"比赛虽然只是初级赛事,但是已显现出"马会"的独特魅力。周末,聚集到丰宁坝上草原看马术的游客熙熙攘攘,绕桶比赛、80公里耐力赛……一匹匹俊俏的赛马令现场观看者赞叹不已。京北第一草原大滩镇距离北京市仅3小时车程。2011年8月5日,记者从当地一家四星级酒店了解到,从北京等各地来的游客也把丰宁县城里的住宿塞得满满。

有旅游业界人士称,河北旅游的短板就是营销策略缺乏新鲜感、缺乏创意。马是草原上最灵动的风景,为打造创意草原文化,丰宁满族自治县提出了草原马文化的创意,以"马会"来吸引游客,发展旅游,丰宁成规模的节庆活动在河北省尚属首例。据了解,此后,丰宁坝上草原还计划建马文化博物馆等来助推创意旅游的发展。

资料来源:宗苗淼.丰宁举办中国"马会"打造"草原马文化"[N].燕赵都市报,2011-08-09.

问题

河北丰宁是如何依托自然资源优势打造"草原马文化"的?

分析

在旅游市场迅速变化的今天,旅游企业要生存、发展就必须制订科学正确的营销策略。从引例中可以看出,旅游市场营销策略的制订首先是制订旅游产品策略,其次是在此基础上为旅游产品合理定价,然后借助特定的分销渠道策略和促销策略将其旅游市场做大做强。

任务一 旅游产品开发策略

 **任务导入**

上海的古镇有很多，但是说到上海的古城墙，在这个寸土寸金、高楼林立的"魔都"，还真是一件稀罕事儿。

上海从南宋形成镇，元初设立县，至明朝中叶，大约300年间都没有建筑城墙。上海地区地势平坦，一旦遭遇外敌进犯，则无险可守。明嘉靖三十二年（1553年）农历四月至六月，倭寇连续5次从海上入侵上海并烧杀抢掠。为了抵御外敌，同年农历十月，上海民众有钱出钱、有力出力，历时3个月终于建成了一座周长9里、高2丈4尺，设6处城门的环形城墙。6处城门分别为："朝宗门"（大东门）、"宝带门"（小东门）、"跨龙门"（大南门）、"朝阳门"（小南门）、"仪凤门"（西门）、"晏海门"（北门）。可以说，上海的古城墙是上海人民反倭寇侵扰的历史产物。

随着旅游经济的不断发展，游客对旅游的需求也越来越多样化，上海古城墙如何根据游客的多样化、个性化需求，开发出具有华东特色的旅游产品？针对此项目，小明和同学们应该具备哪些旅游产品开发的基础知识和技能？

 **任务讲解**

一、旅游产品及其特征

旅游产品作为旅游企业的经营对象，遍及旅游产业，甚至存在于旅游产业以外的其他行业，它是旅游市场的核心。旅游产品有广义和狭义之分。广义的旅游产品是指旅游企业在旅游市场上销售的物质产品和劳动提供的各种服务的总和，即总体层次上的旅游产品（包括吃、住、行、游、购、娱等方面），它既能满足旅游消费者的物质需求，又能满足精神方面的需求。狭义的旅游产品是指由物质生产部门所生产，由商业劳动者所销售的物品，包括旅游消费品、旅游日用品和旅游纪念品等。在此我们主要研究广义的旅游产品。

1. 旅游产品的概念

旅游产品是指通过交换能满足旅游消费者在旅游过程中需要的产品和服务的总和，包括旅游资源、旅游设施、可供旅游者使用的各种物品、各种形式的旅游服务等。同其他产品一样，完整的旅游产品包括以下5个层次，见表5-1。

表5-1 旅游产品的5个层次

层　次	定　义	例　子
核心产品	消费者购买某种产品时所追求的利益，是顾客真正要买的东西	旅行社提供的是"旅游经历"，旅游交通部门提供的是旅游交通工具的座位
形式产品	向市场提供的实体和服务的形象，包括旅游产品质量、风格、特点、式样、品牌和包装等	旅行社的规模、标志、旅游线路、员工的态度和仪容仪表等
延伸产品	是核心产品和形式产品的延伸	旅游信息咨询、优惠付款条件、免费接送服务、购物折扣等
期望产品	顾客购买某种产品通常所希望和默认的一组产品属性和条件	客人期望有安全感、受人尊重和享受良好的服务等
潜在产品	现有产品可能发展成为未来最终产品的潜在状态	演变趋势和前景

2. 旅游产品的特征

旅游产品是由旅游资源、设施和各种服务组合起来的"组合型产品"。它同其他产业的产品相比既有许多相同的共性，又有自身的个性特征，主要表现在：

（1）文化内涵性。旅游产品具有文化的内涵性。例如，以文物古迹和历史遗址为重点的科考旅游产品、以民族文化为特点的文化旅游产品、以大型会展活动为核心的会展商务旅游产品、以特色农业为主的农业旅游产品等。旅游产品只有具有了丰富的文化内涵，才能实现旅游者所追求的文化目标。

（2）组合连续性。旅游产品组合连续性的特征主要表现在构成旅游产品的各种要素大都可以独立存在，但又必须在旅游者的旅游过程中连续地提供。如交通、住宿、景点导游、旅游购物、娱乐等，虽然都存在着自身的独立性，都可以独立地出售给旅游消费者，但它们仅仅是构成旅游产品的一个环节，是旅游产品的一个单项。旅游产品组合连续性要求旅游业的供给要配套成龙、完整无缺、环环紧扣，使旅游产品达到尽善尽美。

（3）购买租借性。旅游产品的"出售"实质上不是一般意义上的买卖，而是租借。

如旅游者支付一定费用购买到风景区游览的权利，实际上就是租借一定时间的旅游地空间；又如旅游者购买飞机票乘机，他只得到了从出发点到目的地对飞机一个座位的使用权。

（4）价值实效性。旅游产品的实效性较强，一天无人购买，这一天的价值就丧失了，不像其他产品，暂时无人购买，其价值和使用价值可以储存起来。如一间客房，当日未被旅游消费者购买、占用，这一天的使用价值便不能实现，应该实现的价值就损失了。

（5）使用价值无形感受性。同样的旅游产品，在旅游企业相同的接待方式下，不同的旅游消费者可能会有不同的感受和体验，就会对同一旅游产品做出不同的评价，这就要求旅游企业努力开发和生产独具特色的旅游产品，重视对旅游从业人员的培训，力求尽善尽美地为旅游消费者服务，不断变化和丰富旅游产品的内涵，塑造旅游产品的美好形象，强化旅游消费者的感受。

二、旅游产品的生命周期

现代旅游市场中，由于激烈的竞争，旅游产品更新换代较快，每一种新产品的问世都会使旧产品遭到淘汰，这种淘汰会循环往复地出现，从而使每一种旅游产品都经历从投放市场到被市场淘汰的过程，这就是旅游产品的生命周期。旅游产品生命周期是指某种旅游产品从被开发出来投放市场开始，经历成长期、成熟期后到最后被淘汰的整个市场过程。

1. 旅游产品生命周期各阶段的特点

典型的旅游产品生命周期包括 4 个阶段：投入期、成长期、成熟期和衰退期，见图 5-1，旅游产品生命周期不同的阶段呈现不同的特点。

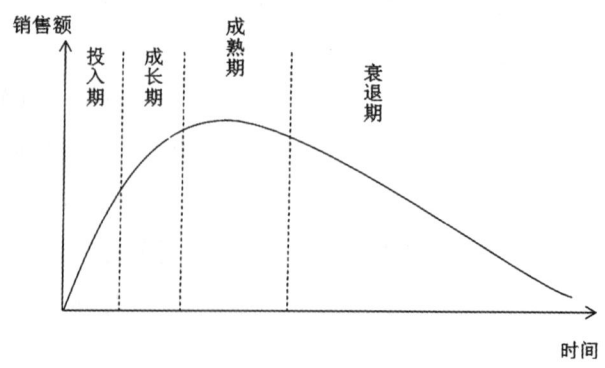

图 5-1　旅游产品生命周期

（1）投入期。投入期又称导入期，是指旅游产品刚投放市场的阶段，具体表现为：新推出的旅游线路、新开业的酒店、新增加的餐饮产品或种类、新开发的旅游项目等。处于这一时期的旅游产品，由于刚刚进入市场，消费者对产品还缺乏了解，消费者对这种旅游产品的消费十分谨慎；该阶段旅游产品的性能有待改进，基础设施需进一步完善；旅游产品的知名度不高，因此销量较低；旅游产品开发费用较高，又需要投入一定的促销费用，因此旅游产品成本较高，从而导致旅游企业利润较低甚至亏损；该阶段由于旅游产品的市场前景还不明朗，因此，竞争者很少或者竞争者还不屑于加入。

（2）成长期。旅游产品平稳度过投入期后便进入成长期，处于成长期的旅游产品已日渐被旅游消费者所接受；旅游产品的性能已基本稳定，基础设施已趋完善；产品知名度渐渐提高；销量大幅度上升，利润额飞速增长，成本逐步下降；由于有利可图，竞争者开始加入。

（3）成熟期。这一时期是旅游产品的主要销售阶段。该阶段市场基本达到饱和，旅游企业产品拥有很高的市场占有率，旅游企业产品的销量最高且相对稳定；增长速度放慢，一般年销售增长速度为1%~5%；企业利润达到了最高点；这一时期，竞争也最为激烈，达到白热化程度，但后期，在竞争中实力不济者开始退出市场。

（4）衰退期。衰退期是旅游产品逐渐退出市场的阶段。处于衰退期的产品，在市场上已经"超龄""老化"，正逐步被市场所淘汰；销量开始下降，利润明显下降；竞争格局已明朗，胜负已成定局。

2.旅游产品生命周期各阶段的营销策略

旅游产品在不同的生命周期，应该采取不同的营销策略，具体策略见表5-2。

表5-2 旅游产品生命周期各阶段的营销策略

周　　期	营销核心	主要策略
投入期	快	①加强对旅游产品的介绍和宣传。 ②利用旅游企业已有的声誉或已有的品牌知名度，提携新产品。 ③加强渠道建设，在旅游新产品推广过程中取得中间商的支持与协助。 ④施以有效的刺激手段诱使旅游消费者使用
成长期	好	①提高旅游产品质量及服务质量，进一步完善基础设施的配套建设。 ②加强促销宣传，增强旅游消费者对旅游企业和产品的信任感，提高知名度，创立品牌，使消费者产生偏爱。 ③努力开拓新市场，扩大市场区域范围，进一步做好市场细分，争取更多的旅游消费者

表 5-2（续表）

周 期	营销核心	主要策略
成熟期	长	①从深度和广度上改革旅游市场。从深度上可以进行新的市场细分，寻找新的旅游消费者，或增加现有消费者对旅游产品的消费量。从广度上主要是拓展市场的空间区域。 ②改革旅游产品和服务。一是产品质量改革，包括提供适合市场需要的旅游产品，在吃、住、行、游、购、娱等方面全方位满足消费者的需要。加大基础设施与配套设施的建设，加强环境的治理和整顿，给消费者提供一个清新整洁的旅游环境。二是服务质量的改革，促进旅游接待服务标准化建设，增设尽可能多的服务项目。三是加强旅游新产品的研制和开发，加大新产品的研发力度，满足细分市场的需求，从而达到延长成熟期的目的。 ③改革市场营销组合。企业可以变换市场营销组合中的一个或几个变量来刺激旅游市场的需求，扩大旅游产品的销路。如调整旅游产品价格；开辟多种销售渠道，增加销售网点等
衰退期	转	①持续营销策略。继续沿用以往的营销策略，直到该产品完全退出市场，市场生命寿终正寝。 ②集中市场营销。把旅游企业资金和资源集中在最有利的细分市场和销售渠道上，以尽可能取得更大的利润。 ③榨取营销策略。旅游企业不放弃衰退期产品，尽可能地降低生产成本和各种费用，这样，虽然产品的销量下降，但依靠大幅度降低的成本，旅游企业仍能保持一定的利润。 ④放弃营销策略。对于毫无希望的衰退期产品，当机立断，放弃经营，但应当考虑完全放弃还是逐步放弃及放弃的时机

三、旅游新产品推广

1. 旅游新产品的类型

旅游新产品是指同现有旅游产品相比较，在原理、构成、方法、手段等方面有显著改进和提高，并在一定市场和范围内首次投放和使用、能给旅游消费者带来某种新的满足和新的利益的产品。旅游新产品有以下 4 类，见表 5-3。

表 5-3　旅游新产品的类型

类　型	定　义
全新旅游产品	市场上从未有过的旅游产品。如北京世纪坛、北京鸟巢及水立方等
换代旅游新产品	在原有旅游产品的基础上，创造出的新产品。如在原来观光旅游线路的基础上增加休闲内容

表 5-3（续表）

类　型	定　义
改进旅游新产品	对原有产品的局部加以改进而创造出的旅游新产品。如在原三峡游中又加入巫溪的小三峡
仿制型旅游新产品	仿制市场上已有的旅游新产品，可能有局部的改进或创新，但基本原理或结构是仿制的

2. 策划旅游新产品应遵循的原则

（1）有市场。旅游企业策划的新产品必须在市场上有一定的销量，为市场所需要。

（2）有特色。旅游企业策划的新产品要具有独特性，有新的性能、用途，符合旅游市场的需要。

（3）有能力。旅游企业必须根据自身的生产条件、技术力量、资金等情况做到量力而行，有能力生产该旅游新产品并能进入目标市场，为旅游消费者服务。

（4）有效益。旅游企业在策划新产品前，一定要对其进行可行性研究，充分挖掘现有的生产能力，争取取得一定的经济效益。

旅游产品开发的具体步骤见图 5-2。

图 5-2　旅游产品开发的具体步骤

3. 旅游新产品推广策划

在旅游企业确定了新产品推广的目标受众之后，应根据目标受众的特征，采取有效的措施有针对性地开展促销推广活动，见表 5-4。

表 5-4　旅游新产品推广策划

促销方式	推广策划
人员促销	旅游企业派出推销队伍，主动与旅游消费者和中间商联系，加强促销
广告促销	在旅游新产品上市之际，加强广告攻势，使目标受众很快熟悉旅游企业的新产品，迅速培养品牌偏好
销售促进	开展各种类型的销售促进活动，利用产品展示、新闻媒介、大型活动等广泛推销宣传旅游新产品
领袖促销	借助著名的政治家、专家、各类明星的效应来宣传旅游企业的创新产品

四、旅游产品品牌策略

旅游产品的品牌作为一种无形资产，已成为旅游企业在竞争中取胜的关键砝码。旅游产品品牌代表着一定的产品形象，越来越受到旅游消费者的重视，并成为旅游消费者在选择旅游产品时考虑的一个重要因素。

对旅游品牌营销的认识

旅游的"产品营销"舞台正逐渐让位给"品牌营销"，旅游营销进入品牌竞争时代，"品牌力成为现代旅游业核心竞争力"，即谁能打造最强势、最知名旅游品牌，谁就拥有了未来的旅游市场。现代社会是一个牌子社会，每一个行业都有多种可以代表这个行业的品牌产品，因此如何树立一个品牌对于一个企业来说非常重要，同样地，品牌营销也具有非常重要的意义，对于旅游营销也是如此。

在现代营销理念当中，品牌可以说是营销的核心和灵魂，品牌作为吸引消费者购买的重要因素之一，应该全面简洁地向消费者传递本身所代表的独特形象和旅游产品吸引力。品牌是产品和服务与消费者各种关系的总和，它既是某种标志、符号，又是消费者消费某种产品的体验和感受。每个品牌的背后都有一种产品和服务支撑品牌的形象和理念，但同时品牌又必须超越这种产品或服务，而相对独立存在。品牌整合营销在国际上有许多成功先例。香港每过几年就推出一个主题，成功地吸引了大量旅游者。如2001年至2003年，香港的旅游主题是"动感之都，就是香港"，展示出一个充满机会和活力，东西方文化汇聚的都市形象，既树立了自己的旅游形象，又张扬了城市个性。

1. 品牌的有关概念

（1）品牌。品牌是用以辨别不同企业、不同产品的文字、标记、符号、图案或其有机结合，包括品牌名称、品牌标志和商标。

（2）品牌名称。它是指品牌中可以用语言直呼的部分，如"新疆双飞七日游""上海锦江饭店""承德避暑山庄"等。

（3）品牌标志。它是指品牌中可以识别但不能以语言直呼的部分，通常由符号、图案、颜色等组成。

（4）商标。经注册的品牌或品牌的一部分为商标。商标实际上是一个法律上的名称，是受法律保护的，企业具有专有权。

2. 旅游产品品牌策略

（1）统一品牌策略。它是指一个旅游企业经营多种旅游产品时，对其所有的产品都使用同样的品牌名称。

（2）个别品牌策略。它是指旅游企业各种不同的产品或服务分别使用不同的品牌名称。如万豪国际集团即拥有万豪、万丽、万怡、丽思卡尔顿等众多品牌，其中万豪是全面服务酒店，万丽是优质酒店，丽思卡尔顿是豪华级酒店等，不同品牌代表不同级别及功能的产品。

（3）他人品牌策略。它是指旅游企业用属于其他企业所有的品牌发展自己的产品和服务，包括制造商品牌策略和中间商品牌策略。我国旅游企业的品牌大多属于制造商品牌，如中国国旅推出的"三峡游"。

（4）主副品牌策略。主副品牌策略又称"母子"品牌策略，是指旅游企业在生产多种产品的情况下，给其产品冠以统一名称的同时，再根据每种产品的不同特征给其设定一个次级品牌。但是实施主副品牌策略时，需注意几个问题：①正确处理好主品牌与副品牌之间的关系；②注意副品牌的定位要与目标市场相吻合；③注意副品牌的命名问题。首先要注意主、副品牌的协调性，其次要注意主、副品牌的关联性，再次要注意副品牌名称的通俗性和简洁性，最后副品牌要能直观、形象地表达景区的特点和个性；④副品牌要起到强化主品牌的作用。

3. 旅游产品品牌忠诚策划

品牌忠诚策划就是在如何留住现实旅游消费者、吸引潜在旅游消费者，扩大旅游企业的市场、销售、利润等方面采取的有效措施，包括：①洞察旅游消费需求，及时了解和掌握旅游消费者的意见、要求、建议，并根据旅游消费者的需求主动创造市场；②长期的旅游产品质量保证；③为旅游消费者提供满意的服务；④塑造良好的旅游企业形象。

任务二　旅游产品价格策略

 **任务导入**

小明在完成上海古城墙这项旅游产品开发后,进入了旅游产品定价阶段。从旅游景区产品构成、景区主要目标市场看,景区可以收门票吗?若景区不能收门票,它的收入来源是哪里呢?哪些产品可以收费?应该怎么定价?从这些问题出发,小明和同学们应该具备哪些旅游产品定价的基础知识和技能?

 **任务讲解**

旅游产品价格是旅游消费者为满足自身的旅游需要而购买的旅游产品的价值形式。任何产品在投放市场之前都要确定一个合适的价格,旅游产品也不例外,但由于旅游产品与一般产品不同,旅游产品价格策略与其他产品价格策略既有相同之处又有区别。

一、旅游产品定价的影响因素

影响旅游产品定价的因素较多,一般包括以下几个方面:

1. 旅游产品成本

旅游产品的成本是定价的基础,是影响旅游产品价格最基本、最直接的因素。旅游产品的成本由固定成本和变动成本组成,一般情况下旅游产品成本越高,价格就越高。同时旅游企业在定价时,不仅要考虑旅游产品的个别成本,更重要的是要把个别成本和社会平均成本进行比较,争取使个别成本低于社会平均成本,这样方能取得价格优势。

2. 旅游企业的定价目标

旅游企业在发展过程中,由于受环境因素的影响,在不同时期有不同的定价目标,因而会形成不同的价格。例如,旅游企业想尽快收回投资,往往把盈利作为企业的定价目标,而把旅游产品的价格定得远远高于其产品成本;但若旅游企业为了保证有较大的市场覆盖面，争取长期的和更大的发展，则企业的定价目标可能是提高市场占有率，那么，旅游产品的价格就不能定得过高，要充分考虑到产品价格与价值的一致性以及广大旅游消费者对价格的接受程度，而且旅游产品或服务的价格需要在一定时期内保持不变，甚至表现为优惠价。

3. 旅游产品品质与特性

一般情况下，如果旅游产品品质好，美誉度高，可采取高价策略，反之可采取中低价策略；旅游产品特色明显，垄断性强，具有不可替代性，则可采取高价策略，反之宜定中低价。

4. 非价格竞争因素

旅游企业的非价格竞争主要是通过提升旅游产品品质、增强特色、提高服务水平、提升企业形象等形式表现出来的。为此，许多旅游企业为了实现较高价格的销售，一般都施之以较高水平的服务，让旅游产品的价格和相应的服务一致，使旅游消费者加深对旅游产品价格的理解和认可；同时，旅游企业还向旅游消费者尽可能提供一些额外免费的服务项目，从而增强旅游消费者对购买较高价格旅游产品的信心。

5. 旅游消费者的需求

旅游产品成本是产品定价的最低限度，而产品价格的最高限度则取决于旅游消费者的需求程度。一般情况下，旅游产品的价格与旅游市场的需求量成反比，产品价格越高，市场需求量就越少，当然，也有一些旅游产品例外，如知名人士下榻过的宾馆，在一定限度内价格上升反而会激发需求量的增多。

6. 旅游产品市场竞争状况

旅游产品成本是产品定价的最低限度，消费者需求是产品定价的最高限度，而介于两者之间的价格则取决于市场竞争状况。旅游产品市场竞争越激烈，对旅游产品价格的影响越大。在完全竞争的市场中，企业没有定价的主动权，只能被动地接受市场竞争中形成的价格；在不完全竞争的市场中，由于旅游企业彼此提供的产品存在着差异，企业可根据"产品差异"的优势，部分地变动价格来寻求较高的利润；在寡头竞争的市场中，寡头旅游企业控制着产品的价格；在纯粹垄断的市场中，旅游产品或服务只是独家经营，不存在竞争对手，整个市场及市场价格完全由垄断企业控制。

7. 政府的宏观管理

政府的宏观管理，主要通过行政、法律以及货币供给、工资和物价政策等手段来调控和体现。政府对旅游产品价格干预和管理的目的在于通过法律限制旅游企业不正当竞争、牟取暴利和损害旅游消费者的利益，因而政府主要以行政手段、法律手段制定旅游产品的最高或最低限价。

8. 汇率变动

汇率是指两国货币之间的比价，就是用一国货币单位来表示对另一国货币单位的价格。汇率变动不仅影响到一个国家的对外贸易，而且影响到旅游产品的价格。如果本币升值，旅游企业就要考虑提高外币定价，本币贬值就要适当降低外币定价。一般来说，本国汇率下调有利于旅游产品的销售，因这时外国货币的购买力相对增强，对国际旅游者来说，可以用比过去更少的外币购买同样的旅游产品；反之，汇率上调则可能减少旅游产品的销售。

9. 通货膨胀

通货膨胀是指在流通领域中的货币供应量超过了货币需求量而引发的货币贬值、物价上涨等现象。旅游目的地的通货膨胀会造成旅游消费者单位货币购买力的下降，使旅游企业的产品生产、经营成本费用增加，从而使企业相应地提高旅游产品价格，并且价格提高的幅度往往要大于通货膨胀上升的幅度，这样才能保证旅游企业盈利，但旅游产品价格的大幅度上升，在一定程度会影响旅游目的地的形象、损害旅游消费者的利益，从而致使旅游人数减少、旅游收入下降。

二、旅游产品定价方法

旅游企业在其产品定价时，主要是考虑旅游产品的成本、市场需求和竞争状况三大因素，并结合旅游产品情况做出相应的决策。因此，定价方法可分为成本导向定价法、需求导向定价法和竞争导向定价法。

1. 成本导向定价法

成本导向定价法是指以旅游产品的成本为主要依据，再综合考虑其他因素来为旅游产品定价。由于旅游产品的成本形态不同，以及在成本基础上核算利润的方法不同，成本导向定价法又分为以下几种具体形式，见表5-5。

表5-5 成本导向定价法的种类

定价法	定价依据	适用范围
成本加成定价法	按照产品的总成本确定价格	旅行社产品、饭店餐饮产品

表 5-5（续表）

定价法	定价依据	适用范围
投资回收定价法	根据投资生产的产品成本费用及预期生产的产品数量来定价	新建酒店客房日收费标准定价和大型娱乐场馆门票
目标收益定价法	根据总销售收入（销售额）和估计的产量（销售量），来确定目标收益率，从而制定价格	旅游企业，尤其是饭店

2. 需求导向定价法

需求导向定价法是指以旅游产品的市场需求状态为主要依据，综合考虑旅游企业的营销成本和市场竞争状态而制定或调整产品、服务的营销价格的一种方法。

（1）理解价值定价法。理解价值定价法即旅游企业根据购买者对产品价值的认知（"值多少钱"）来定价。在现实购买中，顾客往往是根据对价值的认知和感受而不是产品的实际成本去决定同意付出的价格。理解价值定价法有两个关键：第一，对顾客的认知价值做出正确的估计和判断。第二，用营销手段中的各种非价格因素对顾客的认知价值做出有效引导，如利用产品形象、促销活动和网点选择等，对顾客施加影响，使他们形成既定的"认知价值"。

（2）需求差别定价法。需求差别定价法主要是根据旅游消费者不同的需求强度、不同的购买力、不同的购买地点、不同的购买时间等方面的差异来确定不同的价格。

3. 竞争导向定价法

竞争导向定价法是指以同类旅游产品的市场竞争状态为依据，以竞争对手的价格为基础的定价方法。此方法是以竞争为中心，并结合旅游企业自身的实力和发展战略等因素来定价。

（1）率先定价法。率先定价法是指旅游企业采取率先定价的姿态制定出符合市场需求的价格，并能在市场竞争中取得较好的经济效益的一种方法。这是一种主动竞争的定价方法，一般为实力雄厚或产品独具特色的旅游企业所采用。

（2）随行就市定价法。随行就市定价法是指以同行业的市场平均价格为基础，来制定企业旅游产品的市场可行价格。该方法可以避免市场竞争，使企业获得稳定的市场份额。

（3）密封竞标定价法。密封竞标定价法是指在招标、竞标的情况下，旅游企业根据对其竞争对手报价的估计确定价格的方法，其目的在于签订合同，所以它的报价应低于竞争对手的报价。

知识拓展

旅游产品定价步骤

（1）对目标市场的购买力及倾向进行评估。

（2）对旅游企业的产品成本进行估测。

（3）对旅游企业的市场环境进行调研。

（4）确定旅游企业的定价目标。

（5）选择旅游企业定价的方法和策略。

三、旅游产品定价策略

在明确旅游产品定价步骤与方法之后，旅游企业还必须运用一定的定价策略，制定合适的价格，实现旅游企业的营销目标。

1. 新产品定价策略

（1）撇脂定价策略。撇脂定价策略是指新产品上市初期，价格定得很高，随着时间的推移而逐渐降低售价，其目的是在短时间内收回产品的研发成本并获取高额利润。撇脂本义是从牛奶上层中撇取奶油，在此喻作赚取利润。撇脂定价策略适用于具有独特的技术、不易仿制、生产能力不容易迅速扩大等特点的新的旅游产品，利用消费者求新、求奇、求特的心理，迎合市场上高消费或时尚性的要求。

（2）渗透价格策略。渗透价格策略是指产品投入市场时，利用旅游消费者的求实心理，将旅游新产品以较低的价格吸引旅游消费者，以期很快打开市场，扩大销量，待销路打开后，再逐步提高价格。渗透价格策略适用于市场对价格高度敏感，随着销量增加和经验的积累，旅游企业能降低单位成本，尽快大批量生产，且产品特点不太突出、易仿制、技术简单的旅游新产品。

（3）满意价格策略。满意价格策略是一种折中价格策略，采取比撇脂价格低但比渗透价格高的适中价格。当不存在适合于撇脂定价或渗透定价的环境时，旅游企业往往采取该种策略。这种定价策略既能保证旅游企业获取一定的初期利润，又考虑了旅游消费者的购买能力和购买心理，能够增强旅游消费者的购买信心。

2. 心理定价策略

心理定价策略就是旅游企业为了迎合旅游消费者的心理需要而采取的一种灵活定价的措施，常用的心理定价策略有以下几种，见图5-3。

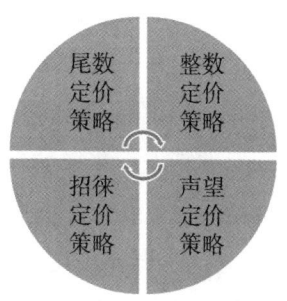

图 5-3　心理定价策略

（1）尾数定价策略。尾数定价策略是为旅游产品定一个带有零头数结尾的非整数价格，从而使旅游消费者认为该价格是经过精确计算的最低价格，是非常合理的。该定价策略适宜价格低的旅游产品，如19.8元/袋的旅游产品（杏仁）看起来比20.5元/袋的旅游产品（杏仁）更有吸引力。

（2）整数定价策略。整数定价策略是指旅游企业在定价时把旅游产品的价格定在整数上的一种策略。它能体现出旅游产品本身的价值，使旅游消费者产生"一分钱一分货"的感觉，从而促进旅游产品的销售。该定价策略适宜于高档、名牌旅游产品（旅游产品中的一些高档工艺品、字画以及高星级饭店的客房价格等往往采用这种定价策略），如定价500美元1天的豪华套房不宜定价为498.8美元。

（3）招徕定价策略。招徕定价策略是一种针对旅游消费者求廉的心理而采取的一种价格策略。它是以旅游企业部分旅游商品的特殊价格（减价）吸引旅游消费者，带动和扩大其他旅游产品的销售，从而在整体上提高旅游企业的总销售收入和盈利的策略。

（4）声望定价策略。声望定价策略是针对旅游消费者"价高质必优"的心理，对在旅游消费者心目中有信誉的产品制定较高的价格，以满足某些旅游消费者追逐名牌商品、崇尚名店品牌的心理需要。因为旅游商品的价格档次常常被认为是产品质量的直观反映，特别是旅游消费者在识别名优产品时，这种心理意识尤为强烈。因此，高价与性能优良、独具特色的名牌产品比较协调，更易显示出产品特色，使旅游企业的产品给消费者留下优质的印象或使消费者感到购买这种产品可提高自身的价值（社会地位）。

3. 折扣定价策略

折扣定价策略是一种旅游企业制定的旅游产品或服务的基本标价不变，而是通过调整实际销售价格，把一部分价格转让给购买者，鼓励旅游消费者大量购买、及早购买、用现款购买自己的产品或服务的价格策略。

（1）现金折扣策略。现金折扣策略是旅游企业对现金交易、按期或提前付款的旅游产品或服务购买者给予一定的价格折扣优惠的策略。

（2）数量折扣策略。数量折扣策略是旅游企业为了鼓励旅游消费者大量购买或多

次购买本企业的旅游产品或服务，根据所购买的数量给予产品购买者一定的折扣。如旅行社推出15人以上集体报名旅游，旅行社免收1人旅游费用。数量折扣策略有累计数量折扣和一次性数量折扣两种形式。

（3）季节折扣策略。季节折扣策略是旅游企业为适应旅游产品季节性强、销售波动大的特点而采取的在淡季时给予旅游消费者折扣优惠的策略。如承德避暑山庄门票价格旺季120元，淡季90元。

（4）同业折扣策略。同业折扣策略是指旅游产品或服务的生产企业根据各类中间商在市场营销中所担负的不同职责，给予不同的价格折扣。如希尔顿酒店向旅游批发商收取净房价，若旅游批发商代替团队订房，则该旅馆公司给旅游批发商的价格低于一般团队价格的15%。

知识拓展

旅游佣金

旅游佣金又被称为"回扣"，是指导游将游客带至旅游景点、旅游购物点等地，为旅游经营单位宣传促销所获取的报酬。这部分报酬都是由受益的经营者以现金的方式直接支付给导游的，很多旅游景区、旅游购物点都采取给导游高额回扣的手段争夺客源。大家对于导游收取回扣的问题，看法不一。各地也纷纷探索和建立规范化导游佣金制度，有些省份拟出台政策使旅游佣金"阳光化"，各方对此争议很大。

任务三　旅游产品分销渠道策略

 **任务导入**

广东长隆集团有限公司创立于1989年,集主题公园、豪华酒店、商务会展、高档餐饮、娱乐休闲于一体,是我国旅游业大型优质企业集团和世界级大型综合旅游企业。广州长隆旅游度假区是长隆集团旗下首个综合性主题旅游度假区,拥有长隆欢乐世界、长隆国际大马戏、长隆水上乐园、长隆野生动物世界、长隆飞鸟乐园和长隆酒店等多家主题公园及酒店,是中国拥有主题公园数量众多和超大规模的综合性主题旅游度假区。长隆旅游度假区开业伊始便将线上和线下分销部作为企业营销的主战场。

在指导老师的要求下,小明需要查阅长隆旅游度假区的相关资料,了解长隆旅游度假区建立了哪些分销渠道?采用了哪些分销策略?并对企业的分销策略进行简要评价。从这些问题出发,小明应该掌握哪些旅游产品分销渠道的知识和技能?

 **任务讲解**

旅游产品从旅游生产企业转移到消费者手中,是通过一定的渠道实现的,即在"特定的时间""特定的地点",以"特定的方式"提供给"特定的旅游消费者"。

一、旅游产品分销渠道的类型

1. 旅游产品分销渠道的概念

旅游产品分销渠道是指旅游产品或服务从旅游企业向旅游消费者转移过程中所经过的一切取得所有权(使用权)或协助所有权(使用权)转移的所有企业或个人,也就是旅游产品所有权(使用权)转移过程中所经过的各个环节连接起来而形成的通道。旅游产品分销渠道的起点是旅游产品生产者,终点是旅游消费者,中间环节包括各种旅游批发商、零售商、代理商、其他中介组织和个人等。

2. 旅游产品分销渠道的功能

分销是一个面向不同游客、连续的、多个环节结合在一起的销售过程，一个完整的分销过程一般要经过生产者、分销商和代理商等多个环节，旅游产品才能到达旅游者手中。中间商承担的功能主要有：

（1）承担营销职能，促进产品销售。旅游中间商介入旅游产品的营销，可以为旅游产品供应商在市场调查、广告宣传、产品销售和为购买者服务等方面分担部分营销职能，从而使旅游生产企业有更多的精力用于产品的改进、提高及扩大再生产。

（2）提供多种产品组合，满足市场需求。任何一个旅游企业均不能向旅游者提供旅游活动中食、住、行、游、购、娱等环节所需的各种旅游产品，而旅游中间商则与多家旅游企业相联系，并具有对多种旅游产品加工、组合的能力。为满足旅游者多方面的需要，旅游中间商能够将各种旅游产品组合起来，形成完整的系列化旅游产品，提供给旅游者。

（3）联系供求双方，促进信息交流。旅游中间商是联系旅游产品供给者和购买者的纽带和桥梁，可促使双方之间信息的交流。一方面旅游中间商把产品的有关信息传递给购买者，增进他们对产品的了解，从而促使他们购买；另一方面他最了解市场动态，知道哪些旅游产品畅销，哪些需要改进，潜在需求是什么，并可及时地把这些信息传递给旅游产品供给者，以减少和避免生产中的盲目性，帮助供给者不断根据市场需求的变化，提供适销对路的产品。随着信息技术的发展，旅游中间商在代理销售方面的功能将进一步弱化，而提供信息咨询等方面的功能则会增强。

知识拓展

旅游销售渠道的职能

旅游产品需要通过各种途径和方式，即通过销售渠道将其从旅游企业转移到旅游消费者手中，才能实现销售。销售渠道弥合了产品和服务与其使用者之间的缺口，主要包括时间、地点、信息等缺口。销售渠道的成员执行了一系列的重要职能：

（1）信息：收集和传播营销环境中有关潜在与现行顾客、竞争对手和其他参与者及力量的营销调研信息。

（2）促销：发展和传播有关旅游产品和服务的富有说服力的吸引顾客的沟通材料。

（3）谈判：尽力达成有关旅游产品和服务的价格和其他条件的最终协议，以实现一定条件下持有权或使用权的转移。

（4）订单：销售渠道成员向旅游产品和服务供给企业进行有购买意图的反向沟通行为。

（5）融资：收集和分散资金，以承担渠道工作所需费用。

（6）承担风险：在执行渠道任务的过程中承担有关风险。

（7）付款：购买者通过银行和其他金融机构向销售者提供账款。

需要特别说明的是，上述渠道职能应该由谁来执行。这些功能具有3个共同点：它们使用稀缺资源；它们常常可以通过专业化更好地发挥作用；它们在渠道成员之间是可以转换的。当旅游服务提供者执行这些功能时，其成本会增加，产品的价格也必然会上升。如若这些功能转移到中间商那里，服务提供者的费用和价格下降了，但是中间商的成本就上升了。因此，由谁执行各种渠道任务是一个有关效率和效益的问题。

3. 旅游产品分销渠道的类型

旅游产品分销渠道是按照渠道中间环节的多少来分类的。一般来说，旅游产品分销渠道可划分为直接分销渠道和间接分销渠道。

（1）直接分销渠道。直接分销渠道是指旅游产品的生产者不借助任何中间商直接把产品卖给旅游消费者，也就是所谓的零级渠道。直接分销渠道的形式有3种：第一，旅游者到生产现场购买，如旅游消费者直接到旅行社购买旅行社自行提供的地区性旅游产品；第二，旅游消费者通过各种直接预订方式购买，如旅游消费者通过电话、网络直接到旅游企业预订该企业推出的旅游产品；第三，旅游消费者通过旅游企业的自设零售系统购买，如旅游消费者到有实力的大型旅游企业在主要客源地所设办事机构购买其旅游产品。

直接分销渠道的模式为：旅游产品生产商—旅游产品消费者。

直接分销渠道的主要优势是环节少，渠道短，可以节省流通费用，降低成本；便于直接沟通，能及时掌握旅游消费者需求的变化。其不足是旅游企业与市场的接触面较小，可能会影响旅游企业产品的销量。因此，直接分销渠道适用于规模较小的旅游企业。

（2）间接分销渠道。间接分销渠道是指旅游企业通过2个或2个以上层次的旅游中间商向旅游消费者销售旅游产品，即企业不直接向消费者出售产品，而是通过中间商进行。

间接分销渠道有以下几种模式，见表5-6。

表 5-6　间接分销渠道模式

渠道模式	定　义	运营模式	适用范围	优　点
一级渠道模式	旅游企业通过一个层次的旅游中间商向旅游消费者销售产品	旅游产品生产者—旅游零售商—旅游消费者	适用于销售批量不大、销售地区狭窄或单一的旅游产品	有利于降低旅游企业的产品成本，提高经济效益
二级渠道模式	旅游企业通过两个层次的旅游中间商向旅游消费者出售旅游产品	旅游产品生产者—旅游批发商—旅游零售商—旅游消费者	适用于国际旅游业	有利于优势联合推介旅游产品
三级渠道模式	旅游企业通过三个层次的旅游中间商销售旅游产品	旅游产品生产者—旅游代理商—旅游批发商—旅游零售商—旅游消费者	适用于国际旅游市场营销	有利于解决旅游企业对另一国的旅游市场不熟悉，与该国旅游批发商和零售商接触少的问题

二、旅游产品分销渠道策略

1. 影响旅游产品分销渠道选择的因素

旅游企业在进行分销渠道类型的选择时，会受到许多因素的影响和制约，一般情况下，影响旅游产品分销渠道选择的因素主要有以下几种：

（1）旅游产品。旅游产品是旅游企业选择渠道时应首先考虑的因素。影响旅游产品分销渠道的产品因素主要有：旅游产品的性质、种类、档次、等级等。

（2）旅游市场。影响旅游产品渠道选择的市场因素较多，主要包括：目标市场范围的大小、旅游消费者的集中程度、旅游消费者的购买习惯、竞争者所采用的渠道类型等。

（3）旅游企业本身。在旅游企业分销渠道的选择过程中，旅游企业产品组合状况，旅游企业的规模、声誉、资金实力，旅游企业的营销水平和管理能力等也会对分销渠道产生重大影响。

（4）旅游中间商的状况。旅游产品生产者如果能找到理想的中间商，能为旅游企业承担部分营销职能，则可采用间接分销渠道；如果中间商状况不理想，则企业只能采用直接的分销渠道。

（5）外界环境因素。外界环境因素主要包括人口、经济、政治、自然、技术等，它们都会对旅游企业的渠道选择产生很大的影响。

2. 旅游中间商

旅游中间商是指处于旅游产品生产者与旅游消费者之间,参与旅游产品流转,促进旅游产品买卖行为发生和实现的组织或个人。由于旅游中间商在旅游市场营销中的作用不同,旅游中间商的类型也呈多样化。在旅游市场营销中,旅游中间商通常有以下几种:

1)旅游经销商

旅游经销商是指从事进一步转卖旅游产品的中间商,即先买入旅游产品然后再卖出旅游产品的中间商,其利润的取得主要是旅游产品的进销差额。旅游经销商包括旅游批发商和旅游零售商。

(1)旅游批发商。旅游批发商是从事旅游产品批发的旅游公司,通过大批量购买涉及旅游产品的构成要素,组合成各种各样的旅游产品,然后批发给旅游代理商或旅游零售商,不直接向公众出售自己组合的旅游产品。一般来说,旅游批发商有满足各种经营需要的充足的资金基础;有自身直接控制或可以信赖的组织严密、范围广大的销售网络;有丰富的专业经营与营销经验。在旅游产品分销渠道中,旅游批发商具有举足轻重的地位。

(2)旅游零售商。旅游零售商是从事旅游产品零售业务的旅游中间商,它从旅游产品生产企业或旅游批发商处购进旅游产品,再以零售价出售给旅游消费者。旅游零售商是旅游产品分销渠道的最终环节,直接联系旅游消费者,一般规模小,但数量多。

2)旅游代理商

旅游代理商是指接受旅游产品生产或经营企业委托,在一定区域内代理销售其产品的中间商。旅游代理商并不取得旅游产品的所有权,只起交易中间人的作用,并不承担任何风险,其收入来自被代理企业支付的佣金。旅游代理商是当前世界上旅游产品销售渠道的主要环节形式,大型旅游产品代理商在发展旅游事业方面起着举足轻重的作用。

3)其他中间环节机构

除了以上两种类型中间商外,还有一些其他形式的中间环节存在,它们在旅游产品分销的过程中,承担了旅游产品中间商的职责,对旅游产品的销售起到了重大的作用,成为分销渠道中间环节的重要补充,主要包括行业大型公司的旅游部、航空公司机票代理处、各种预订及分销系统、各级政府旅游管理当局、会议旅游组织、旅游协会等。

知识拓展

与分销渠道成员制订协议时，应明确哪些内容？

（1）买卖条件：明确对旅游中间商的价格折扣、佣金标准、结算方式、付款条件与期限、旅游产品的质量、数量、时间保证，以及旅游企业为保证产品的顺利销售而提供给旅游中间商的各种促销资料等。

（2）旅游中间商的地区权利：对各渠道成员的市场区域进行划分，明确各个中间商在不同地区的销售权利，避免分销渠道成员为争夺同一客源市场而产生冲突和摩擦。

3. 旅游产品分销渠道策略

（1）直接分销渠道或间接分销渠道策略，该策略是指旅游企业决定用直接分销渠道还是间接分销渠道的策略。策略的制订取决于很多因素，如产品因素、市场因素、企业本身因素、外部环境因素等。实际工作中，由于旅游产品是组合配套产品，价值具有不可储存性和时效性，面对的目标市场范围较广，目标顾客数量众多并且分散，因此，旅游企业通常会采用2种渠道策略并存的方式来销售旅游产品。

（2）分销渠道长度选择策略。旅游产品分销渠道长度取决于旅游产品从生产企业到旅游消费者的转移过程中所经历的中间环节或层次的多少。中间环节越多，则渠道越长；反之，则越短。一般情况下，旅游企业应力求用较短的渠道销售旅游产品。

（3）分销渠道宽度选择策略。渠道的宽度，是指在组成分销渠道的每个层次或环节中，使用相同类型的旅游中间商的数量。同一层次或环节的旅游中间商越多，渠道就越宽；反之，渠道就越窄。渠道的宽窄是一个相对的概念，宽渠道适用于一般化、大众性的旅游产品，如观光型、度假型旅游产品；而窄渠道一般适用于销售专业性较强的旅游产品，如探险旅游、修学旅游产品等。分销渠道宽度选择策略是确定渠道的每个层次中使用同种类型中间商数目的多少。通常有3种策略：①广泛分销渠道策略。它是指旅游产品生产者在渠道的每个层次中，尽可能多地使用中间商来销售其旅游产品的策略。②选择性分销渠道策略。它是指旅游产品生产者择优选择一部分旅游中间商作为渠道成员来销售本企业旅游产品的策略。③独家经销渠道策略。它是指旅游产品生产者在一定时期内，在一个地区只选择一家旅游中间商来销售本企业的旅游产品。

（4）线上分销渠道与线下分销渠道策略。①线上分销渠道，又称网络分销渠道，是借助互联网将产品由生产者手中转移到消费者手中所经过的中间环节。如携程网、艺龙网等依托网络优势，整合各种资源，搭建起一个虚拟的网络分销平台，为传统旅游企业提供在线分销"场地"。②线下分销渠道，又称网下渠道或传统渠道，是指不依靠网络平台，将产品由生产者手中转移到消费者手中所经过的中间环节。如景区通过旅行社代理或自设分店销售其旅游产品。

任务四　旅游产品促销策略

**任务导入**

2009年，澳大利亚昆士兰旅游局为了推广大堡礁而在全世界范围发起了一场申请"全世界最好的工作"的活动，最后的获胜者不仅可以获得一份15万澳元/6个月的高薪工作，还可以凭借"守岛人"的身份享受豪华的住宿待遇，而他要做的事情只不过是像大多数旅游者一样，在网络上发布工作相关的视频、照片、博客，等等。

活动规定了报名者必须以视频的方式提交工作申请，在活动举行期间，一共收到了来自202个国家和地区的近3.5万份工作申请，招聘网站的点击量超过800万，平均停留时间是8.25分钟。据媒体报道，本次活动一共为大堡礁带来了相当于2亿美元的宣传效果。

指导老师让同学们分组搜索大堡礁的旅游资源、旅游产品的基本情况，并分析其旅游资源和旅游产品有何特点。针对"全世界最好的工作"招聘促销策划，分析其成功的原因。为此，小明和同学们应该重点学习并掌握哪些旅游产品促销方面的基本理论知识？

**任务讲解**

在旅游市场的营销策略中，旅游产品策略强调的是创造价值，旅游产品价格策略关注的是体现价值，旅游分销渠道策略的侧重点是交付价值，而旅游促销策略的着力点是在旅游企业和旅游消费者双向沟通中展示和宣传价值。

一、旅游产品促销概述

1. 旅游产品促销概念

旅游产品促销就是旅游产品经营者将有关本企业及产品的信息通过各种方式传递给旅游消费者，促进其了解、信赖并购买本企业的产品或服务，以达到扩大销售的目的。

旅游产品促销的实质是旅游产品生产经营者与购买者之间的信息沟通。其原理是通过各种形式不断向购买者传递企业及产品或服务的信息，以形成外界刺激，激发购买者的欲望，促使其采取购买行动，实现购买，从而达到促销的目的。

2. 旅游产品促销方式

旅游企业常用的产品促销方式主要有以下4种。

1）旅游广告

旅游广告是旅游企业借助广告媒体，以付费形式向目标市场的受众传播有关旅游产品或旅游企业的信息，以扩大影响和提高企业知名度，达到快速销售的目的。

旅游广告的优点是宣传面广，传递信息快，便于实现快速销售；形式多样，表现力强，形象生动。缺点是只能与旅游消费者进行单向信息传递，效果不能立即体现，且有些媒体促销费用较高。旅游广告策划的过程见图5-4。

图5-4 旅游广告策划的过程

（1）旅游广告目标策划。它是指在一定时期内，旅游企业对于某些特定潜在受众所要完成的信息传播策划。旅游广告目标必须依据旅游企业市场营销策略和目标市场来确定。根据广告的沟通对象和销售目标的不同，旅游广告目标策划包括告知型、劝导型、提醒型3种。

（2）旅游广告预算策划。广告预算是指在一定时期内计划投入的广告费用总额。旅游广告预算主要包括市场调查费、广告设计费、广告制作费、广告媒体租金、广告机构办公费及人员工资、广告公司代理费等。影响旅游广告预算的因素较多，如旅游产品的生命周期、销售量、利润率、市场因素、竞争状况、国家政策和旅游企业促销策略等。常见的广告预算方法主要有量入而出法、销售百分比法、竞争对等法和目标任务预算法。

（3）旅游广告信息策划。旅游广告信息策划就是设计策划要发送给旅游消费者和潜在旅游者的广告信息。它是旅游广告策划活动中最富有创造力的部分，在策划广告信息时要注意所传达的广告信息必须体现真实性、简洁性、一致性和形象性。旅游广告信息策划一般通过旅游广告信息的制作、旅游广告信息的评价与选择、旅游广告信息的表达3个步骤来实现。

（4）旅游广告媒体策划。旅游广告媒体策划就是选择负载广告信息的媒体。广告媒体的类型较多，如报纸、杂志、电视、广播、网络、户外、邮寄、LED等，进行旅游广告媒体策划时要综合考虑目标顾客的视听习惯、旅游产品的特点、广告信息的特点、费用水平等因素，以正确选择媒体的类型及传播时间。

（5）旅游广告效果评价策划。它是指衡量广告费用的投入是否获得预期效益的策划活动。广告效果评价策划主要包括反映销售情况变化的销售效果和反映消费者心理层面变化的沟通效果两个方面，目的是为修订广告计划提供依据。

2）旅游人员推销

旅游人员推销是旅游企业利用推销人员直接与旅游消费者面对面接触，使旅游消费者了解并购买本企业产品的促销方式。

旅游人员推销的优点是直接灵活、针对性强；具有公共关系的作用，能促进交易双方建立良好的关系，进而争取更多的买主；能及时了解旅游消费者的反应和竞争者的状况，为旅游企业研究市场、开发新产品等提供更多有价值的信息。其缺点是推销范围受推销员数量的限制；费用高，会增加销售成本；推销效果受推销员素质的影响。旅游人员推销的方式一般有营业推销、派员推销和会议推销等。旅游人员推销策划的过程见图5-5。

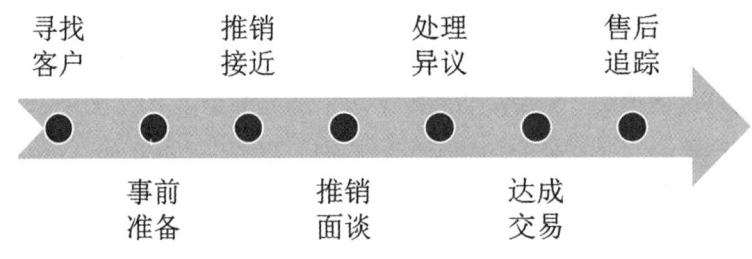

图5-5 旅游人员推销策划的过程

（1）寻找顾客。旅游人员推销过程的第一步是寻找潜在顾客，寻找顾客的方法很多，如利用现有顾客介绍、建立关系网、利用各种资料建立情报网等。

（2）事前准备。推销人员在接近顾客前，必须做好认真准备，制订周密的计划，预测可能出现的各种情况，并拟订出应变方案，只有这样，才能顺利进入面谈。事前准备包括：了解目标顾客的情况、拟订推销接近的方案、确定见面的时间和地点、对推销过程中可能出现的意外情况做出预测、准备好接近顾客时必需的资料、与顾客进行事先约见、向拟访顾客通报访问的时间与地点等。

（3）推销接近。推销接近即开始登门拜访客户，使客户产生好感。推销接近的技巧主要有：商品接近法、利益接近法、介绍接近法、问题接近法、馈赠接近法、赞美接近法等。

(4)推销面谈。推销面谈是推销人员运用各种方式、方法和手段去说服顾客采取购买行动的过程。推销面谈的目的在于沟通推销信息,诱发顾客的购买动机,激发顾客的购买欲望,说服顾客采取购买行动。

(5)处理异议。推销人员在推销过程中会遇到顾客的反对意见(顾客异议),推销人员要千方百计弄清顾客异议的真实意图,克服和排除障碍,说服顾客,促成交易。

(6)达成交易。达成交易是推销人员所希望的结果,是整个推销工作的最终目标。推销人员应该善于抓住与顾客能够成交的机会,尽快促成交易。

(7)售后追踪。成交签约,并不意味着交易的结束,还需要推销人员继续与顾客交往,如提供售后服务、征求顾客意见以及和顾客建立、保持一种良好的关系等。

3)旅游营业推广

旅游营业推广是指旅游企业通过一系列短期性、临时性的促销战术,对旅游消费者进行强烈刺激,以激发购买欲望,促使其迅速购买的一种促销活动。

旅游营业推广的优点是灵活多样,具有较强的刺激性和短期高效性。其缺点是影响面小,过分渲染或经常使用容易使顾客对卖者产生疑虑,反而对产品或价格的真实性产生怀疑。

旅游营业推广的形式主要有3类:第一,面向旅游消费者的推广方式,包括优惠券、附赠品销售、有奖销售、免费使用、会员营销等;第二,面向中间商的推广方式,包括折扣、展销、返利、推销奖金、合作广告等;第三,面向推销人员的推广方式,包括奖金、带薪休假、奖励旅游、销售提成、推销竞赛等。旅游营业推广策划的过程见图5-6。

图5-6 旅游营业推广策划的过程

(1)确立营业推广目标。营业推广目标是市场营销目标在促销策略方面的具体化,营业推广目标的确定要依据所选定的目标旅游市场对象而定。如对旅游消费者的推广目标是增加使用量、鼓励经常和重复购买、吸引潜在购买者使用;对中间商的推广目标是鼓励增加经销量和协助进行促销活动;对推销人员的推广目标是鼓励推销员积极推销旅游产品。

(2)确立营业推广对象。营业推广的对象有旅游消费者、中间商和推销人员。在不同时期,旅游企业营业推广的主要对象不同,因此采取的推广方式就不一样。

(3)策划营业推广方案。营业推广方案是旅游企业营业推广活动的具体安排,包括旅游营业推广的规模与强度、对象、途径、时间及费用等内容。

（4）实施和控制方案。旅游营业推广方案制订以后必须实施，并在实施过程中进行有效控制，发现问题及时解决，不断完善推广方案，力求达到最佳效果。

（5）评估营业推广效果。要想了解旅游营业推广是否达到预期效果，必须对其进行评价。评价方法可用销售量评价法和旅游营业推广利润评价法。

4）旅游公共关系

旅游公共关系是指旅游企业以社会公众为对象，通过信息沟通，发展旅游企业与社会公众之间的良好关系，提升旅游企业和产品的形象，营造有利于旅游企业的经营环境与经营态势的一系列措施和行动。

旅游公共关系的优点是宣传促销成本低；可信度高，有助于强化顾客对产品的印象。其缺点是短时间内效果不明显，需要旅游企业长期不懈的努力。旅游公共关系策划的过程见图5-7。

图5-7　旅游公共关系策划的过程

（1）确定交流对象。实施旅游公共关系促销首先应明确其公关对象，以便根据公关对象的特点策划、实施有针对性的公关措施。

（2）确定交流问题。明确与主要公众之间需要交流哪些问题。

（3）确定交流目的。公关的目的是树立和维护旅游企业良好的形象和信誉，交流的目的如果不明确，交流的内容就不准确，进而影响到公关的效果。

（4）确定交流内容。根据交流的目的，旅游企业应明确向公众传播哪些信息，以便于加强旅游企业与公众之间的联系和相互理解。

（5）确定交流方式。旅游企业在公关活动过程中与公众交流的方式有很多，旅游企业应根据公关的目的和交流的内容以及目标社会公众的行为特点等选择适当的公关方式。

（6）策划公关计划及实施。公关活动是一项长期的战略活动，需要旅游企业根据实际情况策划一套科学完整的公关计划并进行相应的组织实施。

（7）评估实绩。旅游企业可采用一些科学合理的方法对其实施的公关活动进行评价，以便及时总结、改进，达到公关促销的目的。

二、旅游产品促销策略

旅游企业促销方式的选择，也取决于其已定的策略类型。按照旅游企业促销力量作用的方向，可把旅游产品促销策略从总体上分为"推式"与"拉式"两类，见图5-8。

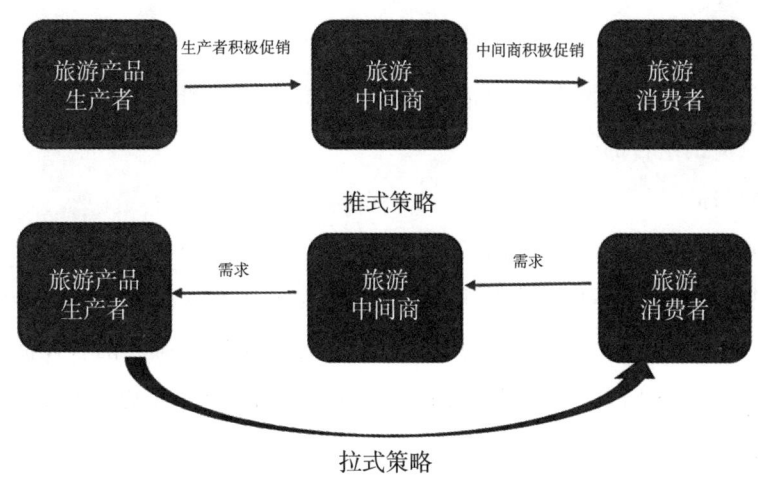

图5-8 旅游产品促销策略

1."推式"策略

"推式"策略是一种以旅游中间商为促销目标，以人员推销和销售促进方式，把旅游产品推进销售渠道，最终推向旅游市场的策略。这种策略适用于资金短缺、规模较小的旅游企业销售知名度较低的旅游产品，产品销售地域较集中的旅游产品，处于成熟阶段的旅游产品，购买频率较低及专业性较强的旅游产品等。实行"推式"策略，要求推销队伍力量雄厚、素质较高，能针对不同的旅游产品、不同的旅游中间商采用不同的方式。

2."拉式"策略

"拉式"策略与"推式"策略相反，是以旅游者为主要促销对象，以广告方式为主，设法吸引潜在旅游者对旅游产品产生兴趣和需求，进而对销售渠道施加压力，使旅游中间商感受到该旅游产品现实营销市场的存在，最终促进旅游产品的生产、供给。这种策略适用于潜在旅游者较广泛的旅游产品，也适用处于导入期的旅游产品。

三、旅游产品促销组合

旅游产品促销组合是指旅游企业有目的、有计划地将人员推销、广告、公共关系、营业推广等促销手段，进行灵活选择、有机组合和综合运用，形成整体的促销攻势。由于各种促销手段都有其利弊，因此在整个促销过程中，旅游企业必须根据自己的营销目标和所处的营销环境，灵活地选择、搭配各种促销手段，制订旅游促销组合策略，以期提高促销的整体效果。

1. 旅游产品促销组合需要考虑的因素

旅游企业在制订旅游促销组合策略时，不仅要考虑各种促销手段的特点，而且要考虑以下影响促销组合的因素。

1）促销目标

旅游企业的促销目标不同，促销组合策略也应不同。例如：某旅游企业的促销目标是扩大销售量，获得最大的销售利润，而另一个旅游企业的促销目标是树立企业形象，为其旅游产品今后占领市场赢得有利的竞争地位奠定基础。前者在促销组合中将更多地使用广告和销售以实现短期效益；而后者在促销组合中将更多地使用营销公关，以实现长期目标。

2）市场特点

根据旅游目标市场的大小不同，促销方式也不同。一般而言，如果目标市场地域范围大，旅游者分散，应多采用广告进行促销；反之，则可以以人员推销为主。市场营销的对象不同，促销组合策略也不同，如果旅游企业销售的对象是旅游者，各种促销方式的重要性依次为广告、销售促进、人员推销和营销公关；如果销售的对象是旅游中间商，则各种促销方式的重要性依次为人员推销、销售促进、广告和营销公关。

3）产品特点

影响促销组合的产品因素包括旅游产品性质和旅游产品生命周期两个方面。

在旅游产品性质方面，不同性质的旅游产品，旅游者购买的需求也不同，因此需要不同的促销组合。一般而言，价格昂贵、购买风险较大的旅游产品，旅游者往往不满足于一般广告所提供的信息，而倾向理智性购买，希望得到更为直接可靠的信息。对这类旅游产品，人员推销、营销公关往往是重要的促销手段。对于购买频繁、价值不高以及季节性较强的旅游产品，旅游者倾向品牌偏好，对这类旅游产品，广告往往是重要的手段。一些风俗节日旅游，如我国傣族的泼水节、彝族的火把节等，广告促销的效果十分明显。

在旅游产品生命周期方面，由于旅游产品生命周期不同阶段的促销重点不同，旅游企业所选择的促销方式也应有所不同，见表5-7。

表 5-7　旅游产品生命周期不同阶段的促销重点

生命周期	导入期	成长期	成熟期	衰退期
重点目标	使潜在旅游者认识、了解产品	增进旅游者的兴趣与偏爱，以扩大产品销售量	扩大产品销售，以便与竞争产品争夺客户	巩固原有市场
主要促销方式	各种广告和营销公关	主要是旅游广告和营销公关，但广告的侧重点就在于宣传产品的品牌和特色	主要是广告宣传，但广告侧重点应在于突出本产品区别于竞争产品的优点；同时要增加销售促进，给旅游者以优惠	以销售促进为主，以吸引偏爱本产品的老顾客继续购买，以便尽可能多地回笼资金

4）旅游者购买准备过程的阶段

旅游者的购买准备过程一般分为 6 个阶段，即知晓、认识、喜欢、偏好、确信和购买。对处于不同阶段的旅游产品，销售促进和营销公关的作用变化不大，而人员推销和广告的作用则变化很大。越是在准备过程的初期，广告的作用越大，人员推销的作用越小；反之，越是在准备过程的后期，广告的作用越小，人员推销的作用越大。旅游企业应根据这一特点采用不同的促销组合方式。

2. 旅游促销组合策略的制订

1）确认目标受众

目标受众是指接受促销信息的人群。在制订促销组合策略时，首先应该考虑促销组合主要针对的人群，以便选择需要传递的信息，确定信息传递的方式以及传递信息量的大小，保证目标受众能及时、准确地收到信息，做出相应的购买决策。

2）制订促销目标

促销目标包括通过促销要解决的问题以及预期的旅游者的反应。促销的实质是信息的沟通，但是旅游企业和旅游购买者的沟通过程并不总能顺利地进行，如派不懂业务的推销员进行推销会导致沟通的失败，因此必须明确要解决的关键问题，才能选择合适的促销组合以达到最终的营销目标。促销要解决的问题归纳起来分为认识、感觉和行动 3 个方面。

表 5-8　促销要解决的问题

问题	释　义	例　子
认识	由于顾客对旅游产品不了解或接受了错误的信息而产生误解，使双方信息沟通失败	如对旅游产品的价格、名称等不了解，或者一些负面的报道影响了顾客对旅游产品的正确认识

表 5-8（续表）

问题	释义	例子
感觉	由于顾客对旅游产品的市场形象、价格等不感兴趣或不喜欢所引起的反感	企业为树立形象而发布一些公益广告，有的顾客认为企业关注公众事业，值得肯定，也可能有的顾客会认为企业是哗众取宠
行动	顾客对旅游产品已经了解，也不反感，但却没有采取任何购买行为	

3）确定促销预算

要达到最佳的促销目标需要进行促销预算。促销由于方式多、运作复杂，较难做出准确的预算，一般采取量入为出法、竞争对抗法和目标达成法。

量入为出法主要是旅游企业根据特定时期内的收入进行促销预算，一般是据销售额或者利润的百分比来确定。这种方法能够保证促销资金的到位，但是在资金的运用上缺乏针对性，如在资金较少时造成促销效果不好，资金充裕时造成资源的浪费。

竞争对抗法主要是参照竞争者的促销费用来决定自己的促销预算。这种方法运用起来很简单，但是没有考虑本企业的具体情况，具有很大的盲目性，而且也很难判断竞争者的预算是否科学、合理。

目标达成法是根据旅游企业具体的促销目标和促销方式确定所需的预算。这种方法效果最好，但是制订难度较大。

4）选择促销组合

促销的方式很多（见表 5-9），在具体选择促销组合时应对各种促销方式进行分析，选择最有效的促销方式。

表 5-9 促销的方式

促销方式	定义和适用性	优点	缺点
旅游广告	一种高度大众化的信息传播方式，适用于一般消费者	辐射面广，信息传递速度快；可多次重复宣传，提高产品的知名度；形式多样，艺术表现力强，可树立旅游产品的整体形象	信息停留时间短，说服力较弱；传递信息量有限，购买行为具有滞后性；某些广告媒体成本高
公共关系	为了和公众达成良好的关系，适用于一般公众	借助于第三者传递信息，可信度较高，容易赢得公众信任；信息传递方式多样，影响力大，有利于建立旅游企业形象	着重于与公众建立良好的关系，所以不能直接取得销售效果；活动设计有难度，组织工作量较大

表 5-9（续表）

促销方式	定义和适用性	优 点	缺 点
人员推销	最直接的促销方式，适用于目标市场和旅游中间商	能与顾客面对面，有利于沟通；针对性强，可直接促成交易；易培养与顾客的感情，建立长期稳定的联系	覆盖面小，传播效率低，平均销售成本较高；对推销人员的要求较高，需要经过专业培训
销售促进	短期内刺激销售的促销方式，适用于现实及潜在的旅游者	对顾客的吸引力大，刺激性强，迅速激发顾客需求，能在短期内改变顾客的购买习惯	注重短期销售利益；使用不当可能导致顾客的不信任

5）评估和控制促销活动

促销活动策划需经过具体实施才能得以调整，预设目标是否实现也要通过科学、客观的评估才能予以确定。

促销活动策划实施结果评估的目的：确定取得的成果；确定取得的进展；避免日后的失误；有利于日后的促销活动策划；积累总结促销实践经验。

促销活动策划实施结果评估的内容包括：①传播媒介报道情况，即与策划实施相关报道出现的频度、占据版面、反映的观点、媒介的态度等。②言论，即有关人士发表的言论和演说的频度、收听对象的构成、言论发表者情况等。③受众人数，即哪些人、在哪个层面、接受相关信息的频度。④反应，即信函、电话、问询等。⑤结果分析，即公众对产品/服务/品牌的知晓情况、程度，他们是否仍记得促销活动的内容与问题，产生的消费/预约等。⑥态度分析，即目标公众对企业实施促销活动策划前后的态度变化。

思考与训练

理论题

➢ 单项选择题

1. 在市场上已经"超龄""老化"的旅游产品属于产品生命周期的（　　）。

　　A. 投入期　　　　B. 成长期　　　　C. 成熟期　　　　D. 衰退期

2. 顾客购买某种产品通常所希望和默认的一组产品属性和条件指的是（　　）。

　　A. 核心产品　　　B. 形式产品　　　C. 期望产品　　　D. 延伸产品

3. 旅行社向旅游消费者提供的"旅游经历"属于（　　）。

　　A. 核心产品　　　B. 形式产品　　　C. 延伸产品　　　D. 期望产品

4. 在原三峡游中又加入巫溪的"小三峡"线路属于新产品中的（　　）。

　　A. 全新旅游产品　　　　　　　　B. 换代型旅游新产品

　　C. 改进旅游新产品　　　　　　　D. 仿制型旅游新产品

5. 不取得旅游产品所有权，只起交易中间人作用的中间商是（　　）。

　　A. 旅游批发商　　　　　　　　　B. 旅游代理商

　　C. 旅游零售商　　　　　　　　　D. 旅游经销商

▶ 多项选择题

1. 下列属于旅游产品的是（　　）。

　　A. 旅游资源　　　　　　　　　　B. 旅游设施

　　C. 供旅游者使用的各种物品　　　D. 各种形式的旅游服务

　　E. 旅游工作人员

2. 旅游产品的特征是（　　）。

　　A. 文化内涵性　　　　　　　　　B. 组合连续性

　　C. 购买租赁性　　　　　　　　　D. 价值时效性

　　E. 使用价值无形感受性

3. 旅游产品成熟期的特点是（　　）。

　　A. 旅游企业拥有很高的利润　　　B. 旅游产品知名度不高

　　C. 竞争激烈　　　　　　　　　　D. 销量大幅度上升

　　E. 旅游产品开发费用较高

4. 完整的旅游产品包括（　　）层次。

　　A. 核心产品　　　　　　　　　　B. 形式产品

　　C. 延伸产品　　　　　　　　　　D. 期望产品

　　E. 潜在产品

5. 旅游新产品的类型有（　　）。

　　A. 全新旅游产品　　　　　　　　B. 换代旅游新产品

　　C. 改进旅游新产品　　　　　　　D. 仿制型旅游新产品

　　E. 跟随旅游新产品

▶ 判断题

1. 需要是指对于有能力购买并且愿意购买的某个具体产品的欲望。　　　　（　　）

2. 品牌名称是指品牌中可以用语言直呼的部分。　　　　　　　　　　　　（　　）

3. 旅游产品分销渠道的地点是旅游产品供应商，终点是旅游消费者。（   ）
4. 旅游促销的实质是旅游产品生产经营者与购买者之间的信息沟通。（   ）
5. 潜在产品是旅游企业为了更好地满足客人的需要而增加的服务项目。（   ）

实务题

> **单项选择题**

1. 在旅游产品的投入期，其营销策略应突出（   ）字。
  A."快"   B."好"   C."长"   D."转"
2. 旅游企业为了迎合旅游消费者的心理需要而采取的灵活定价策略是（   ）。
  A. 撇脂定价策略 B. 渗透价格策略 C. 满意价格策略 D. 心理定价策略
3. 旅游企业通过一系列短期性、临时性的促销战术，对旅游消费者进行强烈刺激，以激发购买欲望，促使其迅速购买的促销活动是（   ）。
  A. 旅游广告 B. 旅游人员推销 C. 旅游营业推广 D. 旅游公共关系
4. 以低价和低价促销推出旅游新产品属于（   ）。
  A. 快速撇脂策略 B. 缓慢撇脂策略 C. 快速渗透策略 D. 缓慢渗透策略
5. 万豪国际集团拥有万豪、万丽、万怡等众多品牌，它这种做法采取的是（   ）。
  A. 统一品牌策略 B. 个别品牌策略 C. 他人品牌策略 D. 主副品牌策略

> **多项选择题**

1. 旅游新产品推广手段主要有（   ）。
  A. 人员促销   B. 广告促销
  C. 销售促进   D. 意见领袖促销
  E. 直销
2. 旅游企业常用的心理定价策略有（   ）。
  A. 尾数定价策略   B. 渗透价格策略
  C. 招徕定价策略   D. 满意价格策略
  E. 声望定价策略
3. 分销渠道的宽度选择策略是（   ）。
  A. 广泛分销渠道策略   B. 选择性分销渠道策略
  C. 独家经销渠道策略   D. 直接分销渠道策略
  E. 间接分销渠道策略
4. 旅游广告目标策划有（   ）。
  A. 告知型   B. 说服型

C. 劝导型 D. 提醒型

E. 公关型

5. 策划旅游产品时应遵循的原则是（　　　　）。

A. 有市场 B. 有特色

C. 有能力 D. 有效益

E. 有资源

> **判断题**

1. 旅游产品成本是旅游产品定价的最低限。　　　　　　　　　　　　（　　）

2. 一些知名人士下榻过的宾馆，在一定限度内价格上升反而会使需求量增加。

（　　）

3. 选择性分销渠道策略就是旅游产品生产者在渠道的每个层次中，尽可能多地使用中间商来销售其旅游产品的策略。　　　　　　　　　　　　　　（　　）

4. 旅游广告目标必须依据旅游企业市场营销策略和目标市场来确定。　（　　）

5. 旅游企业如果能找到理想的旅游中间商则可以采用间接分销渠道。　（　　）

> **论述题**

1. 旅游产品生命周期各阶段的特点有哪些？

2. 简述旅游产品分销渠道的类型。

3. 简述旅游新产品开发的过程。

4. 旅游产品各阶段应采取的营销策略有哪些？

技能练习

常州中华恐龙园荣获江苏省唯一"景区营销创意奖"

2016年7月，中华恐龙园以官方微博单次话题累计阅读量1.6亿次的佳绩，抢占用户关注制高点，创造了旅游神话，开启旅游营销新模式，成为全国旅游界典范。中华恐龙园在主题公园经营上，创造性地提出了主题公园"5+2"发展模式，最终在汹涌的主题公园浪潮中形成了傲然屹立的核心竞争力。科普与娱乐联姻的"5+2"发展模式即：主题展示＋主题游乐＋主题演出＋主题商品＋主题环艺＋配套的游客服务＋管理维护设施。

1. 全面的整体营销规划

首先将龙城旅游控股集团旗下的"中华恐龙园""龙城旅行社""龙汤温泉"等资源整合起来，形成系统的旅游产业链；其次营销重点以江浙沪市场为主，再以中心辐射周边；再者是恐龙园本身年度的营销规划，对具体单个目标明确了规划指示、各团队指标以及全年各阶段的主题活动配合以何种营销手段等。

2. 有效的体验营销

首先针对恐龙科普主题，将主题文化贯穿全园，大到恐龙馆的建设，小到恐龙园的一草一木，每个景观带都有恐龙造型的点缀，让游客仿佛置身于恐龙生活的时代；其次围绕恐龙主题，针对市场实际情况，按照全新的娱乐章节，充分糅合恐龙元素设计全年活动，让游客有全新的体验；此外恐龙园每天都有鲁布拉路人秀、卡通恐龙路秀等，也有专门的设计团队，创作与恐龙园主题相符合的旅游纪念品。

分组研讨以下问题：

1. 常州中华恐龙园的旅游产品有哪些？
2. 分析常州中华恐龙园成功的原因。
3. 常州中华恐龙园运用了哪些营销手段？

要求：自由组合成小组（每组3人），并展开自由讨论，撰写分析报告，最后选派1名代表进行汇报。

项目六　旅游目的地营销

 **学习目标**

通过本项目的学习，学生应掌握旅游目的地及其形象概念；能够识别不同类型的旅游目的地；掌握旅游目的地形象的特征及其具体构成；掌握旅游目的地政府组织的营销职能与旅游目的地营销的特点；掌握旅游目的地营销的过程；掌握旅游目的地形象促销策划；掌握旅游目的地公共关系及其他营销活动策划。

 **知识点和难点**

知识点

- 旅游目的地形象
- 旅游目的地营销的特点与过程

难点

- 旅游目的地营销策划

 **案例导入**

"避暑山庄·和合承德"城市品牌效应凸显

背景与情境

古朴典雅的避暑山庄、绿草如茵的坝上草原、气势磅礴的金山岭长城……随着《和合承德》城市形象宣传片在央视等媒体的频繁亮相，越来越多的外地人记住了"和合承德"，河北承德已成为许多人向往的旅游目的地。

2010年，承德提出了建设国际旅游城市的发展目标，并在"十二五"规划中明确提出打造"避暑山庄·和合承德"的城市品牌。一年多来，从城市形象宣传片的制作播出到城市形象标志的设计出炉，再到报纸、电视、网络等媒体的强势宣传，承德多渠道开展对外营销，全方位塑造新的城市形象。他们的主要措施如下：

（1）加大城市营销力度，形成视觉冲击力。从2011年3月开始，《和合承德》城市形象宣传片分别在央视一套、北京卫视、北京交通广播的黄金时段及北京火车站、首都机场的显著位置播放，着力展现承德——国家历史文化名城、山水园林城市、休闲旅游城市的魅力，突出"避暑山庄·和合承德"的文化特色和内涵。该片还同时在人民网、新华网、中新网、国际在线等重点新闻网站播放，日点击量高达5万次。

（2）加大城市标志推广力度，全方位塑造城市形象。2011年4月22日，随着承德城市标志的新鲜出炉，该市成为河北省首个拥有城市形象标志的城市。6月24日，首批6 000套"避暑山庄·和合承德"个性化邮票开始发行，"避暑山庄·和合承德"城市形象品牌标志开始走向全国。那时，承德的各星级宾馆、大型商场、公交车辆、电子显示屏等都使用了"避暑山庄·和合承德"标志；旅游定点商场销售的旅游纪念品都印上了形象标志；所有进入承德地界的手机都会收到"避暑山庄·和合承德"字样的短信；市区所有景区景点出入口、门票、卫生间、清洁桶、旅游车、旅游船以及景区景点宣传片、宣传折页等都在显著位置使用了此标志。

（3）打造"和合承德"文化演出精品。2011年6月18日，投资2亿元的《鼎盛王朝·康熙大典》大型实景演出正式对外公演，这是迄今为止国内规模最大的皇家文化实景演出。7月中旬，另一场大型原创多媒体风情舞蹈诗《帝苑梦华》也进行了公演。这两场大型文化演出，打破了承德旅游"白天看庙，晚上睡觉"的尴尬局面。此外，由承德鼎盛文化产业投资有限公司投资拍摄的电影《武侠》，作为2011年法国戛纳电影节上唯一受邀的华语影片进行了全球首映。6月25日，第十一届"中国承德国际旅游文化节暨国际管乐艺术节"盛装开幕，来自韩国及中国台湾、澳门、北京等国家和地区的15家中外优秀管乐艺术团，共同为广大中外游客奉献了一场精彩的文化盛宴。

从单纯旅游推介到整体城市营销，"避暑山庄·和合承德"的城市品牌效应凸显，来承游客明显增多。2011年上半年，已接待中外游客515万人次，实现旅游收入36亿元，同比分别增长29.9%和33.4%。暑期以来，承德旅游更是火爆，仅7月23日，避暑山庄景区就接待游客2.1万人次，同比增长42%，创下单日游客接待人数历史新高。

资料来源： 高振发. "和合承德"叫响全国[EB/OL].（2011-08-04）[2015-08-17].

http://hebei.hebnews.cn/2011-08/04/content_2184298.htm.

问题

承德市开展多渠道营销，塑造城市整体形象活动的参与者（营销主体）有哪些？城市品牌整体形象营销的重要意义是什么？

分析

由引例可见，作为首批 24 个国家历史文化名城之一、中国十大风景名胜、旅游胜地四十佳、国家重点风景名胜区、国家甲类开放城市等称号的河北省承德市，2011 年迎来了一个新的旅游高峰，仅上半年就实现旅游业收入 36 亿元。如果仅仅依靠旅游企业和单纯的形象宣传是难以实现的，必须依靠目的地政府利用综合的营销手段，树立形象，吸引旅游者，实现旅游目的地营销的目标。

任务一 旅游目的地营销概述

 **任务导入**

绩溪县地处安徽省南部，是徽文化主要发源地，是著名的徽菜之乡、徽墨之乡，拥有大量保存完好的徽派建筑和村落，旅游资源得天独厚。然而囿于旅游品牌知名度、传播度、辨识度较低，绩溪旅游市场并不发达。中青旅联科基于绩溪本土优势旅游资源及绩溪旅游宣传推广的痛点，于2017年策划推出"探寻徽州之源，感受自在绩溪"旅游达人体验活动，一经推出，获得了市场的广泛关注。

此项目于2017年8月和10月启动，分别在绩溪的夏天和秋天开展2次达人体验活动，深度体验了不同季节绩溪当地旅游资源、民俗文化、人文美食等，体验线路有效串联了绩溪境内所有景区。

指导老师让小明查阅绩溪旅游的相关资料，分析绩溪是哪种类型的旅游目的地，有哪些特征，在绩溪旅游的策划中，地方政府担任了什么角色。为了完成老师的任务，小明应该重点学习并掌握哪些旅游目的地的基本理论知识？

 **任务讲解**

一、旅游目的地营销的概念

1. 旅游目的地的概念

旅游目的地是指能够对一定规模旅游者形成旅游吸引力，并能满足其特定旅游目的的各种旅游设施和服务体系的空间集合。主要表现为区位条件、旅游资源、旅游服务设施、旅游目的地管理、旅游目的地形象、旅游目的地可持续发展、价格等方面。安全、友好、高质、特色，构成了一个旅游目的地的主体形象。

知识拓展

旅游目的地和旅游景区的区别和联系

旅游景区：是指具有吸引国内外游客前往游览的明确的区域场所，能够满足游客游览观光、消遣娱乐、康体健身、求知等旅游需求，应具备相应的旅游服务设施并提供相应旅游服务的独立管理区。

旅游目的地：是吸引旅游者在此作短暂停留、参观游览的地方。旅游通道将客源地和目的地两个区域连接起来，是整个旅游系统的桥梁。

旅游目的地可以是一个城市、一个国家或地区。但旅游景区一般都是有规范化管理的，可以是一个城市里存在的游玩观赏地方，也可以是跨地区的一个综合性、有主题的游览游玩区。

总之，旅游景区包含在旅游目的地中，旅游目的地的概念更广。

2. 旅游目的地的类型

旅游目的地的数量和种类十分丰富，因此可以有多种不同的分类方法。

1）按旅游区域划分

（1）国内旅游：所谓国内旅游，是指一个国家（地区）的居民在其国家（地区）的境内所进行的旅游活动。

①地方性旅游：一般是指当地居民在本区、本县、本市的范围内的当日旅游。

②区域性旅游：是指离开居住地到邻近地区的风景名胜点的旅游活动。

③全国性旅游：是指跨省份的旅游，主要是指到全国重点旅游城市和具有代表性的著名风景胜地的旅游活动。

（2）国际旅游：是指跨越国界的旅游活动。1937 年由国际联盟（League of Nations）统计委员会提出国际旅游者的定义为"离开自己的居住国家到另一个国家访问超过 24 小时以上的人"。

①跨国旅游：泛指离开常住国到另一个国家或多个国家进行的旅行游览活动，以不跨越洲界为限。

②洲际旅游：指跨越洲际界限的旅行游览活动。

③环球旅游：指以世界各洲的主要国家（地区）的港口风景城市为游览对象的旅游活动。

2）按旅游目的划分

（1）观光旅游：观光旅游不仅是人类早期的旅游形式，也是目前最普遍和最主要的旅游活动类型。

（2）度假旅游：属于游海滩、寻阳光和海水浴等度假与保健相结合的游览活动。

（3）公务旅游：是指以某种公务为主要目的的旅游。

①商务旅游：近几年发展最快，但仍属于传统的旅游形式之一。

②会议旅游：是第二次世界大战以后兴起并迅速发展的一种重要旅游形式，也是各大旅游企业竞相发展的经营项目。

（4）专项旅游：是指以满足某种特定需要为主要目的的旅游，具有定向性和专题性。

①宗教旅游：是世界上一种最古老的旅游形式，至今仍然具有很大的吸引力。

②购物旅游：是一种以购物为主要目的的旅游活动。

3. 旅游目的地营销的概念

旅游目的地营销是指由某地政府旅游组织将本地作为旅游目的地而负责的营销活动。

政府旅游组织一般包括国家旅游组织和地方旅游组织。联合国世界旅游组织（the United Nations World Tourism Organization，UNWTO）将国家旅游组织定义为国家政府所承认的负责管理全国旅游事务的组织。一般情况下，一个国家的最高旅游行政管理机构通常代表这个国家的旅游组织。地方旅游组织与地方政府的关系同国家旅游组织与国家政府之间的关系相似，所不同的是，地方旅游组织负责地方旅游事务，其职能与某一地区的旅游发展相联系；另外，地方旅游组织要受国家旅游组织的领导，对国家旅游组织负责。据世界旅游组织预测，到2030年，中国将成为世界第一旅游目的地国，旅游目的地营销的作用将日益凸显。

我国的政府旅游组织基本上可划分为三大类，即旅游行政组织、旅游行业组织和旅游教育与学术组织。我国的旅游行政组织主要包括：国家旅游局、省自治区和直辖市旅游局、省级以下的地方旅游行政机构。旅游行业组织泛指旅游业中的各种行业协会，目前全国性的旅游行业组织主要有：中国旅游协会、中国旅游饭店协会、中国旅游车船协会和中国国内旅游协会。旅游教育与学术组织为数较少，主要有高等旅游院校协会。

要正确理解旅游目的地营销的概念，须明确以下几点：

（1）旅游目的地营销的参与者不是某一个旅游企业，而是地区内所有相关的机构和人员。

（2）营销对象不是某个旅游产品和服务，而是地区内所有的旅游产品和服务。

（3）获益者不是某一个旅游企业，而是整个地区。

4. 旅游目的地营销的参与者

旅游目的地营销的参与者是地区内所有相关的机构和人员，包括政府、企业、居民、各种正式及非正式的社会机构。它们可以分为两类：一是来自公共层面的政府管理者，营销对象是地区内所有的旅游产品和服务，营销获益者是整个旅游地区；二是来自私人层面的参与者，例如房地产商、金融机构、接待业、旅行社、出租车行业、其他相关行业及当地居民。

可以看出，与单纯的商业或贸易产品的市场营销不同，旅游目的地营销的成功需要得到公众和私人机构、有兴趣的群体及当地居民的积极支持，需要各行动者的参与和相互合作，特别是政府部门与企业、居民间的合作。

知识拓展

让当地人共同参与

除了让游客和营销人员进行宣传外，目的地城市也开始寻求本地居民的帮助，以推广当地的休闲旅游及活动。

美国费城周边一个地区的旅游部门 Visit Bucks County 于 2013 年 10 月发起了一次营销活动，向当地居民宣传旅游业对经济的影响，并鼓励他们帮助旅游部门吸引更多参加会议、团队旅行和体育比赛的客人。

"这个地区里并不是每个人都与职业团体、体育俱乐部或社交俱乐部有联系的，但这些组织会需要举办会议、比赛或集体出游的场地。"Visit Bucks County 的执行董事 Jerry Lepping 在活动发起时说道。

具体来说，该旅游部门希望当地人能帮助他们找出可能在该地区举办活动的组织，并与之联系。例如，一名律师就鼓励他所在的击剑社团在 2015 年到 Visit Bucks County 举办大型活动。

附近的费城采用了另一种方式将当地人转化为宣传大使。Visit Philly 举办了前所未有的啤酒花园 Happy Hour 系列活动，目的是将人们聚集起来，让他们把"旅游"和"费城的迷人之处"联系起来。

"由于我们有一半的游客是来探访亲友的，我们需要当地人宣传这个城市，鼓励他们的朋友来游玩。"一名 Visit Philly 的发言人称。

旅游目的地居民是旅游目的地营销的参与主体之一，至少应该有意识地注意两点：①履行好一个旅游目的地居民应尽的各项义务，热情好客，讲究礼仪礼貌，注重自身修养;②将宣传、营销旅游目的地变为习惯。

二、旅游目的地形象

旅游目的地形象是公众对旅游地总体、抽象、概括的认识和评价,是对区域内在和外在精神价值进行提升的无形价值,是旅游目的地现实的一种理性再现,是旅游者、社会公众对某一旅游目的地的总体印象和综合评价。我们必须认识到,旅游目的地形象是影响目标市场购买决策的主要因素,旅游消费者首先认可旅游目的地是一个宜人之地,才会到该目的地旅行。一个声誉和形象欠佳的旅游目的地,必定会陷入营销的困境。

1. 旅游目的地形象的特征

旅游目的地形象的特征见图 6-1。

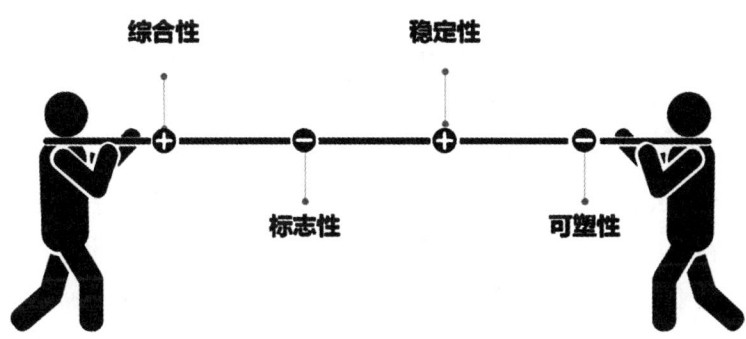

图 6-1 旅游目的地形象的特征

2. 旅游目的地形象的具体构成

(1)主题旅游形象。地区主题旅游形象是某一地区内外公众对该地区旅游业的总体认识和评价,是旅游地区的历史、现实及未来的一种理性再现。

(2)品牌支撑形象。从某种程度上来说,品牌支撑形象是主题旅游形象的具体化。对于一个拥有众多优势旅游资源的地区,旅游市场形象策划的主要任务就是把这些优势资源加以提炼,形成有较强吸引力和竞争力的品牌产品,并运用适当的形象传播方式将其传达给旅游者和社会公众,以迅速提高旅游目的地的知名度。

(3)市场指引形象。市场指引形象是一个地区面向不同的客源市场推出的旅游分体形象,因而它比主题旅游形象更具有针对性。市场指引形象的确定建立在旅游者利益细分的基础上,塑造市场指引形象的关键是识别和突出特定目标顾客的利益点。

(4)产业贡献形象。产业贡献形象是指旅游产业对地区社会经济发展的推动作用,产业贡献形象识别的主体,或者说产业贡献形象推广的目标受众主要是社区居民和政府。良好的旅游产业贡献形象将赢得政府对旅游业的更大投入。

（5）创意策划形象。创意策划形象即地区主题旅游形象的具体设计，主要包括旅游标志、旅游口号、旅游吉祥物或旅游形象大使等。与地区旅游的其他分体形象相比，创意策划形象具有相对的有形性和可操作性，设计新颖的旅游标志、简洁明了的旅游宣传口号以及形象鲜明的吉祥物或旅游形象大使，往往能引起受众的极大共鸣，尤其是给旅游者带来强烈的视觉冲击。

三、旅游目的地政府组织的营销职能

大部分政府旅游组织都不是旅游产品的生产者和经营者，它们通常不直接向旅游者销售产品，不直接对所提供的服务质量负责。过去政府旅游组织的营销作用主要局限在促销的狭窄层面上，即主要应用广告、公共关系和印刷品等手段创造良好的目的地形象，并提供相关的信息，加强与潜在消费者的沟通，最终使潜在消费者向现实消费者转化。政府旅游组织的这些促销工作为旅游经营者进行具体产品营销创造了前提条件。

然而，从近些年的经验来看，传统营销（单纯地进行形象创造和宣传）的效果越来越不理想，在发达的旅游目的地更是如此，如英国、美国和西班牙。于是，政府旅游组织的目标越来越多地集中到营销支持上：它们代表国家或地方政府工作，直接或间接协助执行国家制定的旅游政策，并负责使本国或本地区的旅游业朝优化的方向发展；它们往往在政府其他部门与旅游部门之间、在旅游组织与旅游企业之间架起桥梁。基于这种架构，政府组织的营销职能主要表现在以下几个方面。

1. 负责制定国家或地区旅游发展总体规划

这是政府组织最重要的营销职能之一。国家或地区旅游发展总体规划工作是具有整体性和长期性的战略性合作，单个旅游企业难以完成，而政府旅游组织所特有的地位赋予了它履行此项职能的绝对优势，确定并参与发展旅游地区的开发工作。

2. 根据旅游发展问题的调查研究结果，分析和预测未来的市场需求

国家旅游组织通过收集、提供和统计数据，发布关于市场趋势的简要报告，并通过帮助调研查询的方式，定期向旅游行业提供研究信息，为旅游企业的营销规划提供有价值的支持。例如，国家旅游局政策法规司、国家统计局农村社会经济调查司每年编写的《旅游抽样调查资料》，国家旅游局编纂的《中国文化和旅游年鉴》等，为旅游企业提供了数量丰富、内容全面的参考资料。

3. 确定特定市场和细分市场的促销重点

区域旅游组织通过对旅游市场的调研与预测,能更加具体地了解旅游市场的特征和演变规律,更好地把握市场机会对旅游目的地的实际价值,以便从中找出具体营销对象。在对旅游市场进行细分以后,旅游目的地需要根据自身资源优势和经营特点,从不同的细分市场中选择适合自己的对象,最终选定的细分市场就成为旅游目的地的目标市场。

4. 就旅游业的发展问题同政府有关部门协调

旅游发展要靠社会环境来支撑,社会环境的创造要靠政府旅游组织出面,与决策层各部门协商合作,使他们认识到旅游业对当地各方面发展的作用,进而出台有利于旅游业发展的规划及政策。

5. 协调旅游产品的各组成要素

旅游产品是由交通、住宿、景点等各单项产品组成的综合性产品,这些单项产品往往是由独立的旅游企业提供。由于经济利益的驱动,各旅游企业常常为了眼前利益而忽略了自己在旅游总体发展中应承担的责任。这种状况的改变,要求政府旅游组织担负起协调各经济主体之间利益的责任和义务,以保证本国或本地区旅游业的整体协调和持续发展。

6. 规定和控制旅游服务的质量标准和基本价格

我国按照国际惯例对饭店和旅游景点进行星级评定工作,这些都是我国旅游组织对旅游产品的服务质量标准的控制;同时,对交通旅行社尤其是包价旅游的质量规范在相应的旅游政策法规中已有明确规定。这不仅为旅游企业的经营提供了一定的依据,同时也为旅游消费者保护自己的消费权益提供了法律依据。

7. 对符合发展政策的新产品或增长型产品提供支持

按照本国或本地区旅游规划所确立的发展思路,政府旅游组织可以选择符合标准的新产品或增长型产品进行前瞻性营销支持,这种支持可以帮助新产品在开发后 2~3 年内在市场崭露头角并站稳脚跟。

8. 开展多种活动帮助中小旅游企业

一般情况下,中小旅游企业往往无力承担在全国和国际上进行营销的高额费用。通过开展合作营销活动,尤其是帮助众多中小旅游企业参与全国性或国际性的营销活动和采取所谓的"助燃自启"的支持方式,是政府旅游组织实现长期政策目标行之有效的方法。

由此可见,政府旅游组织的营销职能主要体现在 2 个层面:设计、开发旅游产品或旅游目的地产品和向恰当的市场促销。

任务二 旅游目的地营销的特点与过程

 **任务导入**

2007年山东省旅游局聘请国内知名旅游策划公司在深入调研的基础上，突出文化内涵和"服务"这个旅游的本质，创意推出了"好客山东"旅游品牌形象。山东省旅游局创新性地采取了"联合推介，捆绑营销"模式，整合省、市、县、旅游企业的资源和宣传促销资金，在央视、凤凰卫视、山东卫视、香港翡翠台、台湾东森台等主流媒体集中采购宣传版块和时段，开展了"好客山东"宣传推介，开启了"好客山东"旅游营销新模式，被央视传媒专家誉为"山东首创，众省效仿"。同时，将"好客山东"旅游形象标志广泛使用于机场、车站、旅游景区、旅游星级饭店、旅行社等企业和场所，争取在全省性重大经贸、文化、体育活动使用"好客山东"标志。由此，"好客山东"迅速叫响全国。

老师让小明查阅"好客山东"的相关资料，分析"好客山东"的目的地营销模式具有什么特点？为了完成老师的任务，小明应该重点学习并掌握哪些旅游目的地营销的基本理论知识呢？

 **任务讲解**

一、旅游目的地营销的特点

旅游目的地营销有别于单独的企业或部门的营销活动，它是以区域性的旅游组织（或政府旅游主管部门）为主体，在区域层面上进行的一种新的营销方式。差异主要表现在以下5个方面，见表6-1。

表6-1 旅游目的地营销与旅游企业营销的差异

项 目	旅游目的地营销	旅游企业营销
营销主体	政府或区域旅游组织	旅游企业

表 6-1（续表）

项　　目	旅游目的地营销	旅游企业营销
营销目的	提升区域旅游吸引力和竞争力	提升营利能力（或利润最大化）
营销对象	区域旅游形象	旅游产品
营销手段	旅游活动和信息服务	4P（产品、价格、渠道、促销）
营销流程	从营销目标确定入手	从旅游市场分析入手

与旅游企业营销相比，旅游目的地营销有其自身的特点，见图 6-2。

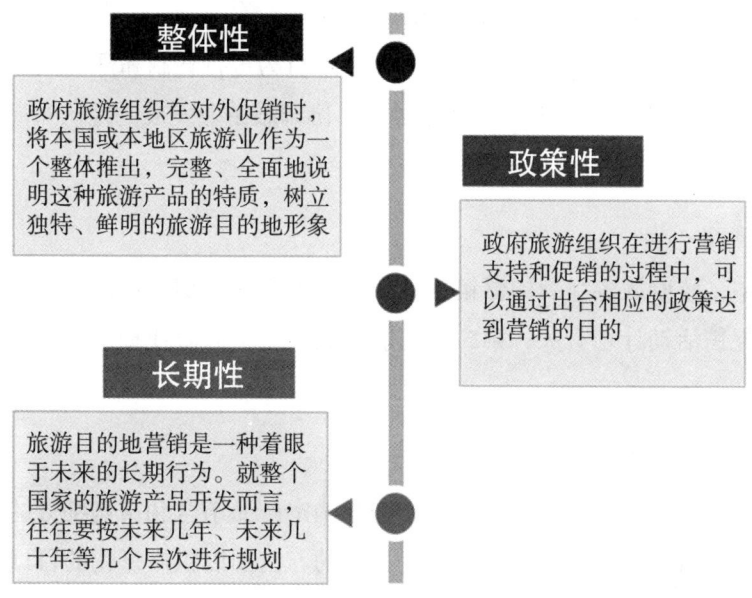

图 6-2　旅游目的地营销的特点

二、旅游目的地营销的过程

1. 外部营销环境分析

旅游目的地营销过程同样也始于对外部环境的分析和研究。它需要进行大规模的营销调研，尤其是国际市场调研；同时需要大量的人力、物力支持，对于旅游企业来说，除了少数大型企业如航空公司、国际饭店集团等具备这种能力以外，大多数中小旅游企业无力承担，而政府旅游组织在收集有关市场分析和趋势的数据方面却能发挥独特的作用，这些数据可以为整个旅游业服务。

2. 制定旅游政策

政府旅游组织大多数都是由国家出资建立的，因此国家往往要求其营销目标与国家的经济发展目标相一致，并在相关的国家经济发展政策中得到体现。但这种要求一般并不具体，只是一个概括性的描述，例如：争取增加旅游外汇收入，处理好旅游需求在季节和地区之间的平衡，处理好资源保护和利用的关系，保护旅游消费者利益等。政府旅游组织在制定旅游政策时，必须按上述要求进行。旅游政策一般有以下几个方面的内容：

（1）通过控制价格来影响需求。

（2）通过制订入境手续办理规则控制客流量。

（3）通过立法和制定法规对旅游企业的市场行为进行管制和规范。

（4）通过投资鼓励政策鼓励发展旅游业，协调旅游业发展的地区布局和消除旅游业发展中的"瓶颈"问题等。

3. 营销规划

在实践中，政府旅游组织的营销规划具有2个不同的功能：第一个功能与在主要客源市场的促销活动计划有关；第二个功能与其为整个旅游业提供指导、扶持和营销支持有关。

4. 确定营销目的和目标

政府旅游组织营销规划的最重要的产物是确定产品组合和市场细分的战略，使之符合市场趋势和自身的资源基础，并选定具体的、已加以粗略量化的目标以便分配营销经费。规划制订后，就应该对具体产品的市场进一步细分，并通过研究市场信息估算不同产品、不同市场可能的游客数量和可能的旅游收入，以此作为开展营销的目的和目标。

5. 预算决策

预算通常是指上述营销步骤中估算出的政府旅游组织营销组合中每一个主要的产品市场组合所需的费用，它代表了为实现该组合期望产生的目标销售量和销售收入而必须"先期"或提前花费的资金。预算决策的过程通常包括：第一，确定为实现国家或地区总体旅游营销目标而需用于营销活动的资金总量；第二，预算总额在行动方案的构成要素间进行分配。

任务三　旅游目的地营销策划

 **任务导入**

《爸爸去哪儿》是湖南卫视从韩国 MBC 电视台引进的亲子户外真人秀节目，由主持人李锐担任"村长"。《爸爸去哪儿》的采景地点往往都是风景优美、比较原生态而且开发不太成熟的景区。对于这种景点，因为本身地点比较偏僻，而且景点特色并不是特别明显，整个旅游区域整体偏小，可容纳游客数量较少，可利用的宣传资源不多，因此，怎样提高知名度，怎样提升游客的吸引力一直都是比较困难的事情。但是通过《爸爸去哪儿》的采景，该地优美的自然风光和当地独具特色的人文底蕴可以被观众一览无遗。

指导老师要求小明查阅《爸爸去哪儿》相关的营销知识，分析《爸爸去哪儿》采取了哪些旅游目的地的营销方法。为了完成老师布置的任务，小明应该掌握哪些旅游目的营销活动的相关知识？

 **任务讲解**

旅游目的地营销工作所关注的是整个目的地及其旅游产品，这是政府旅游组织的工作重点。政府旅游组织通过实施促销组合以提升潜在顾客对目的地的认知，并对其态度施加影响，从而进一步提升旅游目的地形象，扩大知名度，增加旅游者的数量。

一、旅游目的地形象促销策划

旅游目的地形象促销策划是指通过实施促销方案来向目标细分市场中的潜在旅游消费者提供重要信息，以突出旅游目的地在顾客心目中的形象，激发其旅游意愿，进而促使他们索取产品宣传册，或与当地的旅游代理商联系。著名旅游营销学家伯卡特和麦德里克将其概括为"送伞运动"，这个形象的比喻已为旅游业界广泛引用。旅游目的地形象促销的工具主要有以下几种：

1. 旅游目的地广告策划

对于旅游目的地形象，最理想的形象传播方式是通过广告来追求公众认同和建立品牌忠诚度。从某种意义上说，广告是战略性的，销售促进是战术性的，旅游目的地在追求长远利益时更注重广告宣传，这一点与旅游形象塑造及传播的长期性是一致的。

广告宣传的费用昂贵，效果难以评估，因而旅游目的地应认真规划广告活动，以尽可能地提高形象传播的效果。首先，要明确广告宣传的主要目标，是建立公众对旅游目的地的形象感知，还是想促成短期的购买行为。其次，依据成本费用、产品定位、受众特征等因素，选择适当的广告媒体。最后，选取一条最易打动人心的信息，在合适的时间传递给目标市场。

旅游目的地广告促销中常用的广告宣传媒体有：

（1）宣传册。旅游宣传册即旅游目的地用来宣传其旅游资源、旅游产品和服务的小册子，是旅游营销者向目标顾客传递产品与服务信息的重要工具。

（2）出版物。出版物是旅游目的地传播市场形象的主要工具，前面提及的广告媒体也属于这一范畴。从旅游形象传播的角度来看，可以将出版物分成五大类，即报纸、杂志、书籍、旅游地图和电子音像制品。其中：电子音像制品以其图、文、声并茂，信息量大等特点受到旅游市场营销者的青睐；旅游地图作为旅游者出游的必备物品，也成为旅游形象传播和宣传的重要渠道。

（3）网络。随着网络信息时代的到来，互联网已经成为人们获取信息的重要渠道，网络营销已经成为旅游目的地开展营销活动的主要工具之一。利用互联网塑造和推广旅游形象，具有范围广泛、传播及时、更新快捷等特点，且能让目标受众获得全方位的感受。

旅游目的地如何进行网络营销

旅游这个行业是最需要口碑传播、体验传播的一个行业，而口碑与体验传播是最离不开网络这个环境的。2009年，很多研究调查机构对旅游者进行实地或电话的抽样调查，不约而同地得到了这样一个结论：互联网已经超过了"报纸""杂志""电视"等传统媒体，成为公众获取旅游信息的最重要的渠道。网络营销在旅游目的地营销中有以下具体方式：

（1）构建旅游目的地网站，这是网络营销的第一步。

（2）网络社区营销。网络不仅是一个媒体，更是一个有着整合、互动、参与功能的平台。

（3）视频营销。网络视频营销是近年来一种新的网络营销形式，增长速度十分迅速，与博客营销一样，网络视频营销强调网民的互动性，需要精心的策划。

（4）即时通信营销，即利用互联网即时聊天工具进行推广宣传的营销方式。尤其最近几年，利用QQ、微信等即时通信软件进行营销活动更是风生水起。

（5）新媒体营销。新媒体是近年来不断出现的一个新名词，只要与传统媒体有所区别，都可以称之为新媒体，比如手机媒体、交互式网络电视、移动电视、移动信息平台等进行的营销宣传。

2. 旅游目的地公共关系策划

公关宣传无须向媒体支付高额广告费，且其新闻可靠性高于广告，因此，公关营销活动受到旅游目的地的重视。为塑造鲜明的旅游目的地形象，旅游目的地营销组织应注重开展以下4种公关营销活动，见表6-2。

表6-2 旅游目的地营销组织应注意开展的公关营销活动

活　动	要点注意
召开旅游说明会或新闻发布会	召开旅游说明会应做好以下工作：一是明确信息传递的对象；二是要尽力取得新闻媒体的支持；三是具有一定规模，能对既定目标受众产生较大影响
处理与新闻媒体的关系	旅游目的地不仅要善于创造新闻，还要处理好与新闻媒体之间的关系。要及时发现新闻事件，促使编辑采用本地区的新闻稿。适时邀请旅游专栏作家、编辑、记者或电视节目制作人来旅游目的地做体验旅行，以激发他们宣传该旅游目的地的主动性和积极性
开展公共关系专题活动	旅游目的地营销人员在举办活动时必须掌握一个基本原则：只可成功，不可失败。成功的专题活动有巨大的效应；同样，不成功的专题活动也会产生巨大效应，即负效应
注重开展危机公关	危机公关对旅游目的地的形象、信誉和品牌都会产生巨大的影响，成功的危机公关可以"扶大厦于将倾"，而失败的危机公关则可以置旅游目的地于死地

知识拓展

旅游目的地公共关系专题活动

公共关系专题活动是为了向广大公众传递信息、引起新闻媒体的注意、提高旅游目的地知名度和美誉度的"公共关系特别节目"。

旅游目的地公共关系专题活动具有吸引力大、创新力强、影响力大的特点。旅游目的地开展公关专题活动时可选择以下形式：

（1）小型公共关系专题活动、大型公共关系专题活动、系列公共关系专题活动。

（2）公益性公共关系专题活动、社会工作公共关系专题活动、专业性公共关系专题活动、商业性公共关系专题活动、综合性公共关系专题活动。

（3）典礼型公共关系专题活动、喜庆型公共关系专题活动、会议型公共关系专题活动、展示型公共关系专题活动、新闻传播型公共关系专题活动、竞赛型公共关系专题活动。

二、旅游目的地其他营销活动策划

1. 旅游节庆活动策划

旅游节庆活动是将目的地的人－地感知要素和人－人感知要素有效整合的一种重要方式。因为一次主题鲜明的旅游节事活动往往能在人们心目中构造一个积极的直观形象，而且会促进目的地的基础设施建设，从而迅速提高旅游目的地的知名度和综合接待能力。

节庆活动不仅能有效整合旅游目的地形象的构成要素，还可以促进旅游业六大要素的协调与发展，因而一个地区通常会组织多个节庆活动来塑造自身的形象。但各类节庆活动之间应相互补充，主次分明，这样主题旅游形象才能更加鲜明突出。为此，旅游目的地策划节庆活动时要注意以下4点：

（1）以当地的地脉、文脉及社会经济条件为依托，定期举办某一特别节庆活动，使其成为本地区永久性、垄断性、制度化的旅游识别标志，即选择和策划标志性旅游节庆活动。

（2）在不同的旅游季节推出形式各异的节庆活动，以提升旺季时旅游地区的容纳能力，增强淡季时旅游目的地的吸引力，如承德市在旅游淡季的冬季举办"承德冰雪节"。

（3）积极与新闻媒体合作，在尽可能大的空间范围内介绍旅游节庆活动的丰富内容，将旅游区宣传成一个令人向往的旅游目的地。

（4）多次举办同一主题的节庆活动塑造"××方面最理想的目的地"的主题形象，如滑雪、冰雕等。

2.旅游事件营销活动策划

旅游目的地事件营销是指旅游目的地为提升知名度,利用或策划为社会公众关注的重要事件所进行的旅游形象宣传。成功的旅游事件营销,社会公众关注度高,在较短时间内可以使传播信息最大化,传播效果最优化,并且营销宣传成本较低,因而是旅游目的地形象宣传常用的方法。

利用既定事件营销宣传应进行充分的策划,以求达到最佳效果。利用突发事件进行旅游形象宣传,需要有强烈而敏锐的营销意识,善于抓住机遇,及时策划运作,借助媒体来扩大影响力。策划事件进行营销,目前国内常见的有选美赛事、旅游节庆等,但真正成功的往往是少数,多数效果一般,并未达到预期目的,也有弄巧成拙的案例。旅游事件营销类型见图6-3。

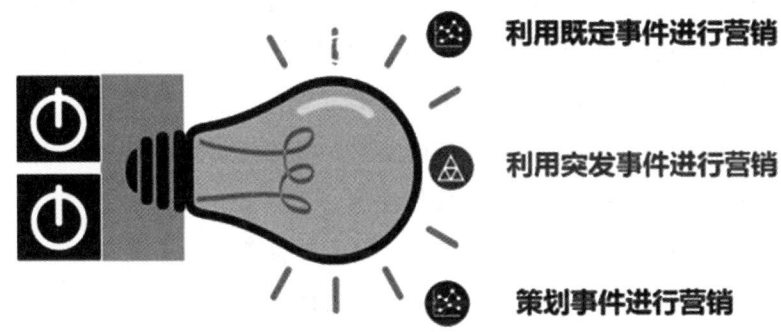

图6-3 旅游事件营销类型

3.旅游吸引物营销活动策划

旅游吸引物是指自然界和人类社会中,凡能对旅游者产生吸引力的各种事物和因素,它是旅游活动的客体。旅游吸引物可能是自然形成的,如黄山的云海、庐山的瀑布、泰山的日出等;也有可能是经由人类建造而成的,如北京中华世纪坛、香港商业购物区等;还有可能是人类祖先留下的人文景观,如石棺、岩画、庙宇等遗迹。许多国家都认识到了自然旅游吸引物的价值,并建立了国家级或省(州)级公园来保护这些旅游吸引物;同时,人们对新吸引物的需求永不停止,这就需要进行不断的旅游投资。

总之,旅游目的地营销者应该充分认识到目的地营销的重要性,进行慎重分析、周密策划,利用恰当的促销工具,开展有针对性的公关活动,充分提升旅游目的地的知名度与美誉度。

思考与训练

理论题

▶ 单项选择题

1. 据世界旅游组织预测，到 2030 年，（　　）将成为世界第一旅游目的地国。
   A. 中国　　　　B. 美国　　　　C. 澳大利亚　　　D. 日本

2. 旅游目的地是指能够激发旅游者产生旅游动机、并能实现旅游动机追求的，由（　　）组成的各类地域空间要素的综合，是旅游者停留、活动的复合型地域空间。
   A. 旅游景区与旅游接待设施　　　　B. 旅游吸引物与旅游景区
   C. 旅游吸引物与旅游业从业人员　　D. 旅游吸引物与旅游接待设施

3. 某一地区内外公众对该地区旅游业的总体认识和评价，是旅游地区的历史、现实及未来的一种理性再现。这指的是旅游目的地（　　）。
   A. 主题旅游形象　B. 品牌支撑形象　C. 市场指引形象　D. 创意策划形象

4. （　　）具有相对的有形性和可操作性。
   A. 主题旅游形象　　　　　　　　　B. 品牌支撑形象
   C. 市场指引形象　　　　　　　　　D. 创意策划形象

5. 著名旅游营销家伯卡特和麦德里克将旅游形象促销概括为（　　）。
   A. "水波效应"　B. "送伞运动"　C. "酝酿效应"　D. "质量运动"

▶ 多项选择题

1. 我国的政府旅游组织基本上可划分为以下几类，即（　　）。
   A. 旅游行政组织　　　　　　　　　B. 旅游行业组织
   C. 旅游教育与学术组织　　　　　　D. 国家旅游组织
   E. 地方旅游组织

2. 与旅游企业营销相比，旅游目的地营销具有（　　）特点。
   A. 整体性　　　　　　　　　　　　B. 政策性
   C. 长期性　　　　　　　　　　　　D. 系统性
   E. 营销费用受政府预算限制

3. 旅游目的地形象具有（　　）特征。
   A. 综合性　　　　　　　　　　　　B. 标志性
   C. 稳定性　　　　　　　　　　　　D. 可塑性
   E. 整体性

4.创意策划形象即地区旅游形象的具体设计,主要包括(　　)。

A.旅游标志 B.旅游口号

C.旅游吉祥物 D.旅游形象大使

E.旅游广告

5.旅游目的地形象的具体构成有(　　)。

A.主题旅游形象 B.品牌支撑形象

C.市场指引形象 D.产业贡献形象

E.创意策划形象

> **判断题**

1.旅游目的地营销的参与者是旅游目的地当地的所有旅游企业。(　　)

2.旅游目的地营销对象不是某个旅游产品和服务,而是地区内所有的旅游产品和服务。(　　)

3.政府旅游组织的营销作用主要在促销的层面,即主要应用广告、公共关系和印刷品等手段创造良好的目的地形象。(　　)

4.旅游目的地形象由多种要素构成,内涵丰富,一旦形成便不能改变。(　　)

5.旅游者的形象感知主要建立在对实际旅游经历的感受上,并且容易受公众媒介、亲朋好友的影响,因而旅游形象会随着信息的变化而改变。(　　)

6.旅游目的地采用的一般理论和方法与旅游企业营销是不一致的。(　　)

实务题

> **单项选择题**

1.旅游目的地营销策划的主要目的是(　　)。

A.提升形象 B.创造需求 C.增加购买 D.引起偏好

2.对于旅游目的地形象,最理想的形象传播方式是通过(　　)来追求公众认可和建立品牌忠诚度。

A.广告 B.人员推销

C.营业推广 D.公共关系

3.旅游目的地形象塑造及传播应该是(　　)的。

A.长期性 B.整体性 C.概念性 D.公益性

4.(　　)是旅游目的地与广大公众进行沟通,塑造自身良好形象的有效途径。

A.广告 B.人员推销

C.营业推广 D.公共关系

5. 对于旅游目的地形象促销而言，最理想的形象传播方式是通过广告来追求公众认同和建立品牌忠诚度。广告策划的首要环节应该是（　　）。

  A. 明确广告宣传目标　　　　　　　　B. 确定广告受众

  C. 确定广告媒体　　　　　　　　　　D. 确定传播范围

> **多项选择题**

1. 为了提高旅游目的地形象传播效果，旅游目的地应认真规划广告活动，要做到（　　）。

  A. 明确广告宣传的主要目标　　　　　B. 选择适当的广告媒体

  C. 选取一条最易打动人心的信息　　　D. 明确传播效果

  E. 确定传播主题

2. 旅游目的地营销者在利用旅游宣传册推广市场形象时，应做好（　　）工作。

  A. 确定目标受众　　　　　　　　　　B. 选择分发渠道

  C. 设计附加利益　　　　　　　　　　D. 市场调查

  E. 特色制作

3. 成功的旅游目的地事件营销，应该能够做到（　　）。

  A. 社会公众关注度高

  B. 在较短时间内可以使传播信息最大化

  C. 传播效果最优化

  D. 传播覆盖面广

  E. 宣传费用低

4. 在确定旅游目的地宣传册目标受众时可以考虑（　　）几种情况。

  A. 面向整个目标市场制作内容齐全的宣传册

  B. 针对不同的细分市场设计不同内容的宣传册

  C. 针对不同内容设计宣传册

  D. 针对预算设计宣传册

  E. 针对利益设计宣传册

5. 旅游说明会策划活动应做好（　　）工作。

  A. 明确信息传递的对象

  B. 要尽力取得新闻媒体的支持

  C. 具有一定规模，能对既定目标受众产生较大影响

  D. 确定传播主题

  E. 做好发布会预算

➢ **判断题**

1. 与单纯的商业或贸易产品的市场营销不同，旅游目的地营销的成功需要得到公众和私人机构、有兴趣的群体及当地居民的积极支持，需要各行动者的参与和相互合作，特别是政府部门与企业、居民间的合作。（   ）

2. 旅游目的地营销过程的首要步骤是确定营销目的和目标。（   ）

3. 旅游目的地在追求长远利益时更注重人员推销，这一点与旅游形象塑造及传播的长期性是一致的。（   ）

4. 旅游目的地营销人员在举办专题活动时必须掌握一个基本原则：只可成功，不可失败。（   ）

➢ **论述题**

1. 什么是旅游目的地营销？
2. 简述旅游目的地营销的特点。
3. 简述旅游目的地营销的职能。
4. 如何理解旅游目的地形象对旅游目的地营销的作用？

技能练习

"感谢邮你"——南极过大年

"亲人们！我在世界的最南端，祝你们春节快乐！拜年啦！" 2018年春节前夕，踏上南极半岛的那一刻，远在南极的北京游客王先生，拿手机对着自己和身后5米外的呆萌企鹅，录着拜年视频。虽然不能及时传到亲人那里，但他准备过几天网络信号恢复正常以后，第一时间发出去。他和近千名团友一起，成为中国首批大规模在南极"过大年"的游客。

据悉，从2018年1月14日开始至2月中下旬，飞猪"南极专线"的2000名全国各地的游客，在1个月时间里，陆续分4队从北京、上海、广州等地出发，飞越大半个地球，到达位于世界最南城市之一的智利蓬塔阿雷纳斯，随后乘上海达路德的"午夜阳光号"，前往世界的尽头——神秘的南极半岛，这也是史上最大规模的中国赴南极包船旅游。飞猪"南极专线"包船共4个船期，其中有2个船期横跨春节，这意味着有近1000名中国人能在南极过"大年"。

其实近年来，前往南极的中国游客数量正在发生倍数级的高速增长，据统计，在2018年，中国已成为仅次于美国的南极旅游第二大客源国。另据了解，根据国际南极旅游组织协会（IAATO）的规定，每年登陆南极的限量人数约为3万人。

资料来源：佚名. 近千名中国人南极"过大年"［EB/OL］.（2018-02-17）［2015-08-17］. http://lxnews.zjol.com.cn/lxnewslsystem/2018/02/18/030712137.shtml.

分组研讨以下问题：

1. 谈谈中国开拓南极邮轮旅游的重要意义。

2. 分析邮轮旅游的营销特征和策略。

要求：自由组合成小组（每组3人），并展开自由讨论，撰写分析报告，最后选派1名代表进行汇报。

项目七　旅游酒店营销

学习目标

通过本项目的学习，学生应掌握旅游酒店产品及营销的概念；掌握旅游酒店有形要素的内容及其在酒店营销中的作用；掌握旅游酒店服务营销的概念与特点；掌握旅游酒店服务营销的策略；掌握酒店客户关系管理的概念、内容；掌握酒店客户关系管理实施过程及需要注意的问题；了解旅游酒店的主要客房客源及开发的原因；了解酒店餐饮市场面临的外部压力；能够进行旅游酒店客房客源与餐饮市场营销策划。

知识点和难点

知识点

·旅游酒店有形要素

·旅游酒店服务营销管理

难点

·旅游酒店营销策划

案例导入

丽思卡尔顿酒店营销策略

背景与情境

  丽思卡尔顿大酒店以其杰出的服务闻名于世,酒店的服务宗旨是提供一流的顾客服务,丽思卡尔顿大酒店一直在按照它的诺言行事。在对将要离店的顾客调查中,有95%的人认为在这里的经历真正值得回忆。人们往往对酒店精致、漂亮的装潢表示满意,认为住在这里是一种美的享受。更为人们所称道的还有酒店服务人员所提供的服务,他们的服务无微不至,时刻都创造出温暖和轻松的环境,给客人以真挚的关怀,甚至可以照顾到客人没有表达出来的愿望和需要。同时该酒店高质量的个性化服务还使它成为了最受会议人员喜爱的酒店,一位会议组织者说:"我们在他们酒店举行高层会议的时候,得到了国王一样的礼遇,而且我们挑不出任何毛病。"

  丽思卡尔顿大酒店连续多年获得了多项质量奖。更重要的是,服务质量带来了高水平的顾客保持率,超过90%的顾客仍然会回头入住该酒店。尽管该酒店平均房价很高,但酒店的入住率达到了70%,几乎比行业平均水平高出9个百分点。

  资料来源:沈杨.旅游市场营销与管理[M].2版.北京:人民邮电出版社,2011:197.

问题

  为什么丽思卡尔顿酒店能有较高的入住率?

分析

  由引例可见,丽思卡尔顿酒店的成功源于其成功的营销策划。首先是酒店提供精致、漂亮的住宿环境,其次是提供了优质的服务。为此,酒店的营销与策划是一种以顾客为核心的行为过程,它的存在和发展既要以有形的设施设备和物质产品为基础,又要能超越物质实体本身给顾客带来情感体验,满足其精神需求。

项目七 旅游酒店营销

任务一 旅游酒店产品有形要素展示

 **任务导入**

学校将组织全班同学参观学校的海运宾馆,指导老师要求小明在参观结束之后完成一项参观笔记,并阐述海运宾馆的有形要素有哪些。为了出色地完成此次考察活动,他应该学习并掌握哪些旅游酒店产品有形要素的基本理论知识?

 **任务讲解**

旅游酒店是给客人提供歇宿和饮食的场所。具体地说是以它的建筑物为凭证,通过出售客房、餐饮及综合服务设施等酒店产品向客人提供服务,从而获得经济收益的组织。

一、旅游酒店营销概述

1. 旅游酒店产品的概念

旅游酒店产品是指客人在酒店下榻期间所获得的各种满足与不满足的总和。旅游酒店产品既包括有形产品又包括无形产品,例如餐饮、酒吧、客房、风景与环境、接待、礼貌及气氛等。旅游酒店整体产品由核心产品、形式产品、延伸产品、期望产品和潜在产品5个层次构成。

旅游酒店产品的特征:有形产品和无形服务的结合、不可储存性、明显的季节性、不可专利性、品牌忠诚度低、对中间商信息的依赖性强和脆弱性。

2. 旅游酒店营销

旅游酒店营销是指旅游酒店为了满足客户的合理要求,为使酒店盈利而进行的一系列经营销售活动。营销的核心是围绕满足客人的合理要求,最终的目的是为酒店盈利。

旅游酒店营销是一种持续不断、有步骤进行的活动。酒店管理人员在此过程中通过市场调研，了解顾客需求，努力提供适合需求的产品与服务，从而使客人满意，使酒店获利。

如何做好旅游酒店营销工作

（1）顾客需求被作为最先考虑的事。

（2）注意市场调研。

（3）及时了解竞争对手，了解其产品，了解其竞争手段。

（4）充分认识长期计划的价值，制订酒店市场STP战略（Segmenting, Targeting, Positioning）及营销组合策略。

（5）了解该酒店在客人心目中的形象。

（6）重视并鼓励酒店内部各部门之间的合作。

（7）充分认识到与相关单位或企业搞好合作关系的重要性。

（8）积极创新。

（9）适当扩大业务活动，开展多种经营，更好地满足客人需求。

（10）对酒店的营销活动经常进行评估。

二、旅游酒店有形要素展示

酒店是一个集中为社会提供服务产品的公共场所，酒店提供的产品主要是服务，服务是无形的，所以我们通常会非常注重无形产品的质量，力求客人拥有一个满意的消费经历。但从营销角度讲，有形产品是无形服务中不可缺少的，酒店产品中的有形要素能够给客人创造一种很强的价值感觉，快速强化酒店的市场地位，加深客人对酒店的认可。特别是当销售人员向一位不了解酒店的客户推销时，或者酒店接待初次入住的客人时，有形要素是决定酒店能否被客人选择的首要因素。因此酒店的良性运作既依赖于服务员高效率的服务行为，同时又必须建立在酒店的物质设备的基础之上，旅游酒店有形要素见表7-1。

表 7-1 旅游酒店有形要素

要　素	说　明
地理位置	被人们誉为酒店大师的美国酒店联号之父——埃尔斯沃斯·斯塔特勒认为，"对任何酒店来说，取得成功的三个最重要因素是地点、地点、地点"。一般来说，通常位于市中心的酒店给客人感觉是商务型酒店，而位于风景区的酒店会被认为是度假型酒店。酒店周围环境越繁华、交通越便利，就越能增强酒店的市场定位，对酒店的入住率、房价、餐饮销售等都会产生有利的影响
建筑风格	酒店建筑风格往往成为酒店最好的、重要的广告标志，在一定程度上代表着酒店的形象。同时，酒店建筑风格越来越多地被赋予了文化内涵，建筑主题鲜明，外观造型独具一格，有助于所在地建筑形象与所在地历史、文化、自然环境相结合，恰到好处地表现和烘托其主题氛围，让来宾光临酒店时，有一种归宿感、自豪感和安全感
助销产品	酒店为客人在提供主要产品（服务）的同时，还有一些助销产品向客人传递着酒店的品质信息。如大堂饼屋的蛋糕陈列，印制精美的酒店宣传资料，赠送客人的礼品，公共区域的标志牌等
服务环境	服务环境是有形产品的派生物，它是有形产品综合作用而形成的一种感受。比如空间的温度、湿度，周围的声音、气味、环境的整洁度，顾客和服务人员的数量、外表、行为等都决定着客人是否愿意在此逗留
价　格	价格是酒店营销活动中重要的组成部分，价格的高低直接影响着客人对酒店的认知和选择。高价格能提高客人对产品和服务的信任感和期望值，低价格会使客人怀疑服务的水准和降低感觉中的服务价值
酒店员工	酒店服务质量的核心因素是"人"。如训练有素的餐厅服务员，仪表端庄的接待人员，稳重而彬彬有礼的管理人员等都会给客人带来一种可信度
顾　客	定位为商务型的酒店，若接待大量的旅游团队，必使商务客人感觉不适；接待外宾为主的酒店，若同时接待大量会议就会导致高档客人的流失
服务设备	现代酒店为适应人们日益增长的需求，已不再是仅仅提供住宿的场所，而是从衣食住行、视听娱乐，到运动健身、商务购物、医疗美容等应有尽有，设备设施日趋完善。一个现代化的酒店设备设施费用已占总价的1/3还多。如商务中心，贵重物品寄存处，健身室及各种健身设备和器材，桑拿浴、按摩室及各种配套设施，酒店的接待用车、大堂的行李车，餐厅的桌椅等都为客人推测酒店的档次和质量提供了证据
装饰布置	酒店装饰布置包括室内外装饰、陈设和环境绿化等许多方面。如照明的确定和灯具的布置，家具的配备、选择和摆放，帷幔的配置和管理，地毯及其他装饰织物的铺放，室内观赏品、绿化饰品的陈设等
店徽、商标	酒店店徽、商标能够将本酒店与竞争对手区别开来，使客人联想到其服务特色，刺激客人的购买欲望，提高酒店的营销效果

酒店通过有形要素的展示,不仅为客人创造良好的消费环境,而且也为员工创造良好的工作环境,使员工掌握更多的服务知识和更好的服务技能,满足客人的需求和欲望,为客人提供更优质的服务。

知识拓展

经典酒店文化

(1)把服务当成事业来做;酒店业是"永恒的事业"。

(2)酒店的产品是"满意",酒店经营的是"高兴",让客人最大化满意和高兴是我们的追求,我们的幸福只能通过为别人创造幸福得以实现。

(3)经营理念:创造特色、塑造品质、营造客户满意管理理念。以顾客为导向、以员工为中心、以质量为灵魂、以文化为源泉、以创新促发展。

(4)服务理念:一切为了客人,为了一切客人,为了客人的一切。

(5)道德准则:宁可酒店吃亏,不让客人吃亏;宁可自己吃亏,不让酒店吃亏。

(6)工作作风:现场看,立即办。

(7)服务准则:一步到位,到我为止。

(8)宁可自己麻烦十分,不让客人不便一时。

(9)让客人方便是服务最高准则,客人的需求是服务最高命令。

(10)永不说"NO"。

任务二 旅游酒店服务营销管理

 **任务导入**

小明在分析完海运宾馆的有形要素之后,指导老师要求小明分析海运宾馆的服务理念是什么,海运宾馆在做好酒店的客户关系管理方面做了哪些工作,有哪些需要改进的地方。为此,小明应该提前掌握哪些旅游酒店服务营销的基本理论知识?

 **任务讲解**

"服务营销"是一种通过关注顾客,进而提供服务,最终实现有利于交换的营销手段。酒店服务营销是服务营销理论在酒店行业领域的具体应用和深化发展。酒店市场营销的实践表明,酒店的管理人员必须从服务性企业的特点出发,以服务的及时性、服务的交互化等内在需求为着眼点,通过服务营销的运作与管理营造全新的酒店营销模式和酒店客户关系。

一、旅游酒店服务营销

1. 旅游酒店服务营销概述

1)旅游酒店服务营销的概念

旅游酒店服务营销是指旅游酒店依靠服务质量来获得顾客的好评,以口碑的方式吸引顾客,维护并增进与顾客的关系,从而达到旅游酒店的营销目标。美国希尔顿酒店董事长康拉德·希尔顿对酒店服务营销进行了形象的描述:"如果酒店里有一流的设备而没有一流的服务员微笑,那就好比花园里失去了春天的太阳和春风。"酒店服务营销组合是在传统的营销组合4P的基础上增加人员(People)、服务过程(Process)和有形展示(Physical evidence)3个变量,形成7P组合。

2)旅游酒店服务营销的特点

(1)酒店服务营销深度和广度的扩大化。顾客在酒店除了需要获得功能需求、价格需求和形式需求外，还要求获得附加利益，如心理上的满足、文化上的满足等。同时随着感性消费时代的到来，酒店服务更注重外延服务，如个性化服务、超前服务、情感化服务、文化服务等不同的服务手段。

（2）酒店服务营销的互动性。酒店产品主要通过服务来体现，这种服务主要在服务者与顾客相互接触的互动过程中完成，服务的效果通过顾客对服务的参与体现。因此，服务者和顾客构成了酒店服务营销中重要的组成部分。

（3）酒店服务时间的价值化。酒店服务产品具有不可储存性，由此产生了时间的附加价值，以实体形态存在的酒店服务设备、劳动力只能代表酒店服务的供应能力而非服务产品本身，这种供给能力往往相对固定，不能随需求的变化而迅速变化，而且服务产品既不能提前生产，也不可滞后交货，因而酒店服务经常面临供求不平衡的问题。因此，为了使波动的市场需求和酒店服务能力相匹配，并在时间上保持一致，这就增添了服务营销的艰巨性。

（4）酒店服务活动规模效应的局限性。由于酒店服务产品具有不可分离性，使得酒店不可能像有形产品的生产企业那样通过批发、零售等物流渠道，把产品从生产者送到顾客手中，而只能借助特定的分销渠道推广产品服务，采取服务生产与消费地点结合在一起的形式。

2. 旅游酒店服务营销策略

旅游酒店服务营销策略主要包括以下 4 个方面，见表 7-2。

表 7-2　旅游酒店服务营销策略

策　略	应　用
旅游酒店整合营销策略	该策略是旅游酒店依据服务营销战略对营销过程中 7P 进行配置和系统化管理的过程，是一种统一并且能够代表酒店产品或酒店形象的一元化行为
旅游酒店差异化策略	采用差异化策略的酒店选择两个或者两个以上的细分市场作为自己的目标市场，并为每个细分市场确定一种营销组合
旅游酒店内部营销策略	该策略把员工视为企业的内部顾客，把工作视为内部的产品，从而努力满足内部顾客需要的一系列活动，也就是通过提供能满足员工某种需要的工作及环境来吸引、发展、激励并保持合格的员工留任于酒店的一种管理策略
旅游酒店关系营销策略	该策略把营销活动看成是一个酒店与消费者、供应商、分销商、竞争者、政府机构及其他公众发生互动关系作用的过程，其核心是建立和发展与这些公众兼顾双方利益的长期联系

美国著名管理大师彼得·德鲁克曾说:"顾客是唯一的利润中心。"顾客关系营销是关系营销的核心和归宿。与交易营销相比,关系营销更关注的是如何提高顾客满意度,如何留住顾客,培育忠诚的顾客。

二、旅游酒店客户关系管理

"今天的时代是客户经济时代"——管理大师迈克尔·哈默说。如今,酒店营销的商业环境正从产品为中心转向以客户为中心,从规模市场转向规模用户,从产品导向转向客户导向。如何留住客户?如何增强客户的满意度?客户关系管理可以解决这些问题。

1. 客户关系管理概述

客户关系管理(Customer Relationship Management,CRM)起源于美国,经历了接触管理、关系营销、客户关怀等理论与实践过程。CRM既是一套软件又是一种管理制度,集合了电子商务、数据库、呼叫中心,凝聚了市场营销理论、销售管理、管理学等。

酒店客户关系管理就是在充分重视客户资源的基础上,以信息技术为支持建立顾客档案,为不同的顾客提供不同的定制化产品,通过完善周到的全程服务来改善顾客的体验,最终达到增加顾客满意度、提高顾客忠诚度的目的。

旅游酒店客户关系管理指标包含以下内容,见表7-3。

表7-3 旅游酒店客户关系管理指标

客户关系管理指标	定 义
客户概况分析	包括客户的层次、风险、爱好、习惯等
客户忠诚度分析	指客户对某个产品或商业机构的忠实程度、持久性、变动情况等
客户利润分析	指不同客户所消费产品的边缘利润、总利润、净利润等
客户性能分析	指不同客户所消费的产品按种类、渠道、销售地点等指标划分的销售额
客户未来分析	包括客户数量、类别等情况的未来发展趋势、争取客户的手段等
客户产品分析	包括产品设计、关联性、供应链等
客户促销分析	包括广告、宣传等促销活动的管理

知识拓展

一个酒店经理人应该具备的3种管理技能

（1）技术技能。就酒店而言，它是具备本酒店本岗位所需的专业技术与技能，在现代企业中达成有效的协作所不能缺少的。不仅工业企业需要技术技能，其他产业同样需要技术技能，这对酒店同样十分重要。

（2）观念技巧。即观念形成的能力，它是指一个管理者能进行抽象思考，有形成观念的能力；有一定管理理论水平，能使用管理思想，去解决实际问题的能力；而且具有分析判断和决策的能力。

（3）人文技巧。即处理人际关系的能力。它是指与人共事合作的能力，包括对内联系同级，了解下属活动，激励与诱导下属的积极性，对外与有关组织和人员进行联系和协调。

2.客户关系管理实施过程

（1）取得高层支持。由于客户关系管理需要投入大量的人力、物力、财力，在短时间内无法体现其优势，要想使 CRM 项目得以实施，高层管理者的支持至关重要。

（2）成立 CRM 工作组。CRM 项目小组由酒店内部各部门及外部人员共同组成，应该包括高层管理者、销售和营销部门的人员、IT 部门的人员以及财务人员。作为 CRM 的实施者，他们要承担分析业务需求、制订实施流程、选择信息系统、实施沟通等事务。

（3）分析客户类别制订相应策略。分析酒店电脑系统存储的客户信息，根据其在酒店的消费金额用"客户金字塔"法将客户进行分类。

（4）建立完整的客户档案。分析完客户的类别之后，找到了 20% 的有价值客户，酒店可以建立完整而详尽的客户档案，目的是使酒店能够分析和掌握目标市场客源的基本情况，制订相应的营销策略和建立合适的销售渠道，同时了解客户的个性化需求，提供个性化服务。

3.客户关系管理中需要注意的问题

（1）酒店必须建立起"以顾客为导向"的服务文化，酒店员工服务意识、业务素质及酒店的组织结构等必须跟上客户关系管理的要求。

（2）实施酒店客户关系管理，必须充分利用互联网。

（3）实施酒店客户关系管理，必须改革酒店组织结构，提高员工素质。如设立独立的客户服务部，对服务流程再造，由酒店的相关部门协助顾客办理所有的事情，以缩短顾客的等待时间等。

知识拓展

旅游酒店实施客户关系管理的措施

（1）从注重一次性交易转变为注重与客户保持长期的关系。

（2）从以提供服务功能为核心转变为以高度重视客户的利益为核心。

（3）服务质量从前台服务部门过问的问题转变为酒店所有部门都要关心的问题。

（4）从以客房、餐饮等部门各自销售的形式转变为由酒店统一管理的整体营销机制。

（5）"客户关系管理机构"要一天24小时接受客人的订房、订餐及其他销售预订业务的服务和咨询；收集、处理、分析客户信息并向相关部门提供客户信息；通过信函、电子邮件、电话、传真等工具与相关的客户进行"一对一"的联系沟通，必要时上门与上述客户进行面对面的对话。

（6）建立网络化的客户关系管理系统。

任务三　旅游酒店营销策划

 **任务导入**

上海东方佘山索菲特大酒店拥有精心装修的豪华客房、独立的园林别墅，且风格各异，让客户能感受中国、东南亚各国及地中海各国的浪漫风情。房间有独立的阳台，选用欧舒丹及爱马仕护理用品。作为沪上知名的亲子旅游酒店，酒店拥有全城最令人惊叹的泳池，包括 4 400 平方米的室外自由形状泳池和一个独一无二的人造沙滩；一楼的餐厅有提供小朋友看动画片的休息区，健身房旁也有一个大型儿童乐园，五楼行政会所门口也有孩子的游乐场，是一个既能满足孩子玩乐需求，又能让父母享受放松、惬意时光的亲子度假胜地。

老师让同学们分组搜索上海东方佘山索菲特大酒店的亲子旅游产品的基本情况，并分析该酒店在客房、餐厅等区域运用了哪些营销元素。为此，小明和同学们应该提前学习并掌握哪些旅游酒店营销策划的基本理论知识？

 **任务讲解**

客房和餐饮是酒店的主体产品，其销售收入往往占据了酒店总销售额的绝大部分。酒店针对客房和餐饮市场推出的营销活动的效果将直接影响到酒店的最终经济效益，因此，旅游酒店的营销策划主要围绕着这两个方面来展开。

一、旅游酒店的客房客源市场营销策划

在旅游酒店的总销售额中，来自客房的收入所占比重最大，客房营销水平的高低，直接影响着客房的销售收入，也决定着旅游酒店营业业绩的好坏。旅游酒店的主要客房客源如下：

1. 团队客房客源市场

（1）协议客户、公司类客户。协议客户和公司类客户是酒店的顶梁柱。很多旅游

酒店的主要收入来源是单位协议客户，这部分客户主要是当地重要的大型企业、跨国公司以及政府部门，而这部分客源，也是各家酒店争夺的焦点。拓展协议客户、公司类客户的原因及策略见表7-4。

表7-4 拓展协议客户、公司类客户的原因及策略

原　因	策　略
①协议类及公司类客户入住酒店没有季节性，能给酒店带来常年稳定的生意。 ②相较于其他市场，公司类客户市场取消预订率低。 ③由于业务关系，一旦对酒店形成良好印象，这类顾客便有可能成为酒店回头客或常客。 ④公司类客户信誉良好，极少出现欠款或跑账现象。 ⑤除合同约定外，公司类客户通常不需给予其他优惠或折扣	①酒店营销人员应积极主动配合客户，并维持良好关系。 ②增强酒店的公关能力。 ③提高酒店自身的品质口碑。 ④酒店除需要提高自身服务水平外，在日常营销工作中，应把主要精力和工作重心放在大型协议客户身上。 ⑤以拉拢新客户为主，维持老客户关系为辅

（2）会议旅游者。会议旅游者即MICE市场，包括会议（Meeting）、奖励旅游（Incentive）、大型企业会议（Conference）、活动展览（Exhibition）。

会议业在发达国家已经成为比较成熟的产业，会议旅游也成为国际旅游业中发展最快的市场之一，我国会议旅游市场正以每年20%的速度增长。拓展会议旅游者的原因及策略见表7-5。

表7-5 拓展会议旅游者的原因及策略

原　因	策　略
①市场量大，许多大型会议参加人数众多，加上新闻记者和随行人员，能给酒店提供客满的机会。 ②由于会议分布在全年各个时间，接待会议能给酒店带来常年的生意，能够弥补淡季生意清淡的状况。 ③会议旅游者平均住宿时间较其他客人长且房价较高，加上人数多，对食品、饮料等其他产品需求量也大，能够带动酒店其他产品线产品的销售。 ④一些有较大影响力的会议，往往会有大量的传播媒介进行报道，对酒店而言是难得的扩大知名度的机会	①通过各种渠道尽快获取会议信息（如各级政府部门会议、行业企业会议）。 ②弄清会议召开的时间及筹备时间、会议规模、会议要求、会议决策者。 ③根据会议要求分析本酒店的接待能力。 ④注意建立和管理客户档案

（3）旅游团。旅游团包括各种旅游批发商、旅行社、航空公司售票处以及接团社等在内的订房客人。酒店的客源相当数量是由旅行社组织的，有些酒店几乎完全由旅行社组织客源，酒店和旅行社之间的关系随着旅游业的发展更加紧密，它们相互依赖，相互促进，共同发展。拓展旅游团的原因及策略见表7-6。

表7-6　拓展旅游团的原因及策略

原　因	策　略
①能为酒店带来生意旺季和高峰，使酒店资源达到最高使用率以及获取最高收益。 ②由于旅游团人数众多，可为酒店带来一次性大批量预订。 ③由于旅行社通常与酒店有合约关系，往往可为酒店带来众多回头生意以及连续的出租率。但旅游团取消率较高，有时会给酒店带来损失。 ④旅游团通常不需要使用会议场所及其他设施，可节省酒店在这方面的投入	①旅游酒店应经常与长期良好合作的旅行社进行沟通。 ②诚信为本，坦诚相见。 ③如遇特殊情况，应积极协助、安排旅行社的用房要求。 ④采取多种营销方式开发旅游团客户。 ⑤在与旅行社签订合作协议时，应对特殊时期（如节假日期间）的房价特别说明

（4）体育代表团。体育代表团包括各种体育活动的组织者、教练、运动员、经纪人等。拓展体育代表团的原因及策略见表7-7。

表7-7　拓展体育代表团的原因及策略

原　因	策　略
①是新闻的焦点和社会关注的热点。 ②是提高酒店知名度和扩大市场影响力的有利时机。 ③体育代表团还可以吸引其他客源，因此市场容量极大	①酒店应为他们准备好会议室和储藏室，提供及时联络、安全保卫、新闻发布以及宗教服务等帮助，以保证运动员人身和财物安全，并使体育明星免受干扰。 ②丰富的娱乐设施，方便的购物以及多样化的餐饮服务

（5）航空机组与空乘人员。航空机组与空乘人员主要是指与酒店签订年度或其他方式长期合同的航空公司人员。这类客人也是许多酒店，尤其是机场酒店的重要客源。拓展航空机组与空乘人员的原因及策略见表7-8。

表7-8　拓展航空机组与空乘人员的原因及策略

原　因	策　略
①这类客人通常停留时间长，人数多，用餐量大。 ②由于航班固定，全年出租率均衡，付款及时，极少出现拖欠款行为，因此通常能给酒店带来持续稳定的客源	①酒店应根据这类客人的特点有针对性地开展服务，如保障机组人员安全、注意日程保密、提供24小时全天候服务等

2. 一般散客

散客是指一次性订房数量少于10间的客人。散客与团队客人最大的区别在于订房数量上的差异。由于散客一次性订房量小，酒店通常不给予价格上的折扣和优惠，而是采用门市价格出售。旅游酒店的一般散客主要有以下几种类型：

（1）商务散客。指以公务为目的而单独进行旅行的旅游者，这类客人住店没有季节性，是酒店的常年生意。商务散客一般具有房价较高、回头率高、人均消费水平高的特点。

商务散客是十分成熟的旅游市场，他们大都下榻过多家酒店，对酒店的服务和设施等十分讲究甚至挑剔。他们要求酒店有良好的位置、便利的交通；具备高效的系统并能为其迅速办理入住和离店手续；早餐服务要求快捷并有送餐服务；他们对商务中心有特别要求，往往要求酒店能够收发传真、良好的通信、邮件送达、互联网接入等。酒店还应提供小型会议室，供商务散客在酒店会见客户和进行其他商务洽谈活动。

（2）个人旅游者。指到酒店所在地从事私人活动和休闲观光为目的的单个和零星旅游者，这类客人是酒店重要的旺季客源。个人旅游者较多地使用酒店的各种娱乐设施和服务设施，如游泳池、游艺室、健身房等。个人旅游者不同于旅游团队客人，他们喜欢自由自在、无拘无束的旅行气氛和生活，他们愿意下榻在交通便利、环境宜人的小型酒店和度假型酒店。在国外，许多个人旅游者自己开车或从机场、火车站租车进行旅游，因此需要酒店具有免费停车场。由于个人旅游者大都为个人付款，他们对酒店的价格是非常敏感的。另外，他们希望酒店的服务热情周到，感受到亲切自然。

（3）包价客人。指购买酒店各种特殊包价，参与酒店促销活动的客人，这类客人能够弥补酒店淡季或其他营业时期客源不足的状况。酒店采取包价方式，如3日2夜的周末包价、一周包价等，可以促进酒店其他服务设施和项目的销售。通过包价销售，可以帮助酒店改变平淡单调的形象，在客人和公众心目中树立起丰富多彩的形象。采用包价形式，可以更多地促进本地居民到酒店消费，从而扩大酒店的社会功能。

参加包价的客人大多以家庭、情侣、朋友居多，通常自己付款，对价格、服务内容、质量等非常注意。他们十分关心通过包价能给自身带来相应的收益，因此，酒店推出包价必须能够满足其物质和精神上的期望与需要。由于参加酒店包价的客人大多是本地居民，因而包价必须有足够的吸引力才能促使他们前来酒店下榻和就餐或进行其他消费。

（4）优惠和折扣客人。指酒店对某些重要客人，在下榻酒店时可享受价格折扣。

吸引这类客人能够帮助酒店打开难以推销的市场，也可弥补酒店因淡季或其他原因造成的出租率不足，因此对享受优惠折扣的客人不能降低对其服务质量的要求。

3. 长住客

长住客是指与酒店签订合同，并且至少留住一个月的客人。长住客人一般包括外国公司、商社设在我国的办事机构及其工作人员；应聘在我国公司、学校及其他组织的外国专家、学者等；也包括国内各企业、公司及其他驻外办事机构的工作人员。他们在酒店居住几个月甚至一年以上，对酒店的服务要求也不同于一般客人。他们要求酒店提供舒适方便的居住条件，卫生间尤其重要，应该宽敞明亮、设施齐全；在饮食方面，尽可能丰富多样，以避免单调乏味；对商务设施和健身设施使用频率也较高。酒店应根据长住客的特点开展细致入微的服务，使客人有宾至如归的感觉。

酒店在接待长住客时应注意：当长住客人抵达饭店时，按照 VIP 客人接待程序和标准进行接待，前台接待人员即刻将所有信息输入电脑，为客人提供优质服务的同时建立客人档案。

二、旅游酒店的餐饮市场营销策划

在旅游酒店的销售收入中，来自餐饮的部分占有较大的比重。"民以食为天"，在旅游六要素"吃、住、行、游、购、娱"中，"吃"排在了第一位。这里的"吃"不仅仅包括为了满足生理需要而填满肚子，更重要的是在旅游过程中，品尝旅游目的地的特色美食，了解当地的餐饮美食文化，注重品尝、体验和享受。但酒店在很多人的概念里是以"居住"为首要功能的，无论是酒店管理者，还是入住酒店的客人，在选择酒店时几乎只考虑选择怎样的客房，而餐饮条件却很少被考虑在内。目前酒店正面临社会餐饮的严峻挑战，社会餐饮的火爆与酒店餐饮的冷清形成了鲜明的对比。住店客人越来越少地在酒店内用餐，通常都到酒店以外的酒家和餐馆用餐；而非住店客人的消费习惯也发生了改变，以前举办宴会，客人首选酒店，现在却较少光顾酒店餐厅。

1. 酒店餐饮市场面临的外部压力

（1）社会餐饮业蓬勃发展，举目全国规模性经营餐饮成风，五百餐位甚至上千餐位的大餐厅越来越多，走集团化经营的餐饮集团也越来越多。

（2）高档食府、主题餐厅的装修和提供的产品，在某些方面接近甚至超过星级酒店的水平。

（3）酒店餐饮和社会餐饮不在同一起跑线上，从原材料采购、税收再到员工的各项福利都没有可比性。

（4）酒店餐饮经营思想观念陈旧，竞争能力不强，跟不上市场的发展变化。

2. 酒店餐饮部门营销策略

（1）根据市场需求和企业技术力量，选好经营风味，安排花色品种，形成产品组合，并随时根据客人的需求变化做好必要的调整。

（2）保证食品原材料供应，做好生产过程的组织，确保产品色、香、味、形并重，坚持以产品特色取胜。

（3）加强客房和餐厅的联系，提供优良就餐环境，扩大产品销售。

（4）做好餐厅服务过程的组织，切实提高服务质量，树立餐厅形象，提高酒店声誉。

（5）根据市场需求变化和酒店设施条件，采取灵活多样的销售方式，将餐厅销售和食品展销、文化娱乐、宴会推销、会议推销、客房送餐、大中型餐饮推销活动结合起来，使酒店餐饮产品市场交易方式和交易活动多样化。

3. 酒店餐饮市场定位

如何在激烈的竞争环境下选准酒店餐饮定位，是摆在每位经营者面前的重要工作。

（1）酒店餐饮首先要以满足住店客人为首责，要有全局观念，要配合酒店的整体环境气氛，不能不顾格调单方面追求利润。

（2）餐厅要有特色和主题，注重文化品位，给予客人精神上的享受。

（3）争取大型国际、国内会议及大型会展，搞好主题宴会和酒会的接待。

（4）多出精品、创新产品，做到人无我有、人有我精，培育顾客对餐饮产品的忠诚度，打造优秀品牌。

酒店的餐饮定位一定要与社会餐饮有所区别，不能盲目跟着社会餐饮的潮流走，要注重利用自身的软硬件优势，在经营理念的层次和主题的提升上做文章，不要搞"大而全"，要选准市场定位，做出自己的特色和文化。

4. 酒店餐饮市场营销组合策略

（1）餐饮产品策略。在餐饮产品方面应注重新产品开发及创新，采用新材料和新搭配，形成"旧菜新颜"；采用新的制作方法，西菜中做、中菜西做、南菜北做；推出养生健身餐饮、怀古餐饮；根据季节特点推出不同口味的菜式等方式都是餐饮创新的源泉。

就餐环境应别具风格，突出特色。对餐厅的形象进行设计策划，比如在店徽的设计、餐厅主题的选择、餐厅的装饰格调、家具、布局、色彩灯饰等方面下功夫，使之起到促销的作用。例如：越南风情的芭蕉别墅；傣族风格的竹楼餐厅；富有浪漫、高雅艺术气息的西餐扒房；以红木（或仿红木）太师椅、清宫服饰等为装点元素的高档中餐厅，并在餐厅门口的小黑板上手写菜单以示古韵的方式招徕顾客；以蒙古包、小方桌、花地毯作为主题形象，散发着粗犷、野味气息的蒙古餐厅；以红、白、绿三种鲜艳国旗色作装饰的意式餐厅；具有戏剧元素的川味餐厅，如手提小红灯笼、身着红花绿叶小袄的迎宾员操着清亮的川腔迎候宾客，着中式大褂的后生手提一把有着长长壶嘴的大铜壶、犹如飞瀑一般隔人冲茶。这些都属于成功的餐厅形象营销的例子。

（2）餐饮价格策略。餐饮价格策略实施的条件或依据见表7-9。

表7-9 餐饮价格策略实施的条件或依据

策　略	实施的条件或依据
高价位定价策略	这类定价策略适合知名度高的品牌酒店，但是实行这种策略通常要具备2个条件：一是菜品的独特性，市场无竞争对手，容易在市场中占据主导地位；二是餐饮企业本身的品牌效应强，信誉卓著，具有一定的高消费顾客群
渗透定价策略	是指酒店将推出的餐饮产品以较低的价格投放市场的策略。酒店采取渗透定价策略，最好具备下列条件：一是当市场对价格的敏感度高时，采用渗透定价策略有助于拓展市场；二是要以增加销售量来降低餐饮产品的单位成本；三是酒店要阻止其他的竞争者进入市场而采用低廉价格的策略，应具有一定的耐受力
折扣定价策略	利用消费者乐于享受各种优惠待遇的心理需求而制订的策略，比如即经营者在原有菜品价格的基础上给消费者实在的优惠比例，使客人在购买此菜品时比原价便宜。在实际工作中还可以采用回赠优惠券、免去餐费零头、发放实物礼品、赠送菜肴、免费享受特价菜等做法来吸引顾客
区分需求定价策略	根据客人就餐的不同季节、日期、时间等采取不同层次的优惠价格策略，主要有季节优惠、周末优惠、时间优惠等。酒店要选择适合自身的价格策略，来达到最小经营成本和最大销售利润的目的
心理定价策略	对餐饮产品和服务的认可和购买，消费者往往根据几个因素来判断，因而在定价策略中要利用顾客对价格的心理反应，刺激消费者购买的热情。例如，突出特价菜以达到招揽顾客的目的，对店内招牌菜采用声望定价策略，满足消费者优质优价的心理等

（3）餐饮促销策略。针对酒店餐饮部的特点，应该有针对性地开展促销，以取得较好的效果。主要包括：

①利用各种方式加强对住宿酒店客人的餐饮宣传，尤其是当地特色菜肴和招牌菜系的宣传，以增加店内客人的购买量。如在房间内放置宣传手册，介绍特色菜肴、当地风味；对店内住宿客人的餐饮优惠等。

②电视台广告。在当地电视台有影响力的节目中插播餐饮广告，声情并茂，感染

力强，信息传播面广，传播迅速。或者利用电视台的游走字幕，适时介绍酒店餐饮新品及促销信息。

③交通电台广告。交通电台听众广泛，涉及听众面广，听众对新闻和信息津津乐道，便于在人群中传播。

④平面广告。适合登载食品节、特别活动等餐饮广告，也可以登载一些优惠券，让读者剪下来凭券享受餐饮优惠服务。

⑤餐厅自制宣传品。例如，可以印制一些精美的定期餐饮活动目录单，介绍本周或本月的各种餐饮娱乐活动；刊有餐厅的种类、级别、位置、电话号码、餐厅餐位数、餐厅服务方式、开餐时间、各式特色菜点介绍等内容的精美宣传册；特制一些可让宾客带走以作留念的"迷你菜单"等。

⑥邮寄广告。这种方式比较适合一些特殊餐饮活动、新产品的推出，对象为本地的一些大公司、企事业单位、常驻饭店机构等。

⑦户外广告。通过户外的道路指示牌、建筑物、交通工具、灯箱等制作的餐饮广告，甚至包括广告衫、打火机等都可以成为广告的载体。广告载体的地理位置以及形象，应给人以新、奇、特的感觉。

（4）餐饮销售渠道策略。酒店餐饮产品一般销售对象是住宿酒店的客人、旅游客人、商业客人、公司团体、零散客人等，一般直接对旅行社、当地社团、企事业单位进行销售。

总之，酒店可以利用自身品牌，策划有特色的促销活动，进行大规模的宣传，举办美食节等。通过开展创新性的营销活动，改变酒店餐饮市场的不景气现状，成为酒店新的盈利点。

思考与训练

理论题

> **单项选择题**

1. 旅游酒店营销的核心是（　　　）。
   A. 满足客人的合理要求　　　　　　B. 酒店盈利
   C. 提供服务　　　　　　　　　　　D. 生产产品

2. （　　　）是有形产品的派生物，是有形产品综合作用而形成的一种感觉。
   A. 助销产品　　　B. 价格　　　C. 酒店员工　　　D. 服务环境

3. (　　) 是指不同客户所消费的产品按种类、渠道、销售地点等指标划分的销售额。

  A. 客户概况分析   B. 客户性能分析

  C. 客户忠诚度分析   D. 客户未来分析

4. (　　) 是酒店的主体产品，其销售收入往往占据酒店总销售额的绝大部分。

  A. 客房和餐饮   B. 酒店服务

  C. 酒店产品   D. 酒店有形要素

5. 能够将本酒店与竞争对手区别开来，使客人联想到其服务特色，刺激客人的购买欲望，提高酒店的营销效果的是（　　）。

  A. 酒店助销产品   B. 酒店员工

  C. 酒店店徽、商标   D. 酒店服务环境

➢ **多项选择题**

1. 旅游酒店产品的特征有（　　）。

  A. 有形产品和无形服务的结合   B. 不可储存性

  C. 明显的季节性   D. 不可专利性

  E. 对中间商信息的依赖性强

2. 有形要素在酒店营销中的作用是（　　）。

  A. 塑造酒店优秀的市场形象   B. 为客人营造美好享受的氛围

  C. 给客人留下深刻的印象   D. 使客人信任酒店

  E. 提高客人感觉中的服务质量

3. 酒店服务营销组合是在传统的营销组合 4P 的基础上增加了（　　）。

  A. 人员   B. 服务过程

  C. 服务设施   D. 有形展示

  E. 沟通

4. 旅游酒店服务营销的特点有（　　）。

  A. 酒店服务营销深度和广度扩大化

  B. 酒店服务营销的互动性

  C. 酒店服务时间的价值化

  D. 酒店服务活动规模效应的局限性

  E. 酒店服务活动的灵活性

5. 旅游酒店差异化策略的优点是（　　）。

  A. 提高酒店的市场占有率   B. 提高产品的针对性

C. 增强酒店在顾客心目中的形象　　　　D. 增强顾客忠诚度

E. 提高酒店产品的市场竞争力

> **判断题**

1. 酒店建筑风格往往成为酒店重要的广告标志，在一定程度上代表着酒店的形象。　　　　　　　　　　　　　　　　　　　　　　　　　　（　　）

2. 旅游酒店服务质量的核心因素是"酒店提供的服务产品"。　　（　　）

3. 旅游酒店的产品主要是通过服务来体现的，而这种服务又是在服务者与顾客的相互接触的互动过程中完成的。　　　　　　　　　　　　　　（　　）

4. 客户性能分析是指客户对某个产品或商业机构的忠实程度、持久性和变动情况等。　　　　　　　　　　　　　　　　　　　　　　　　　　（　　）

5. 酒店餐饮首先要以满足住店客人为首责，要有全局观念，要配合酒店的整体环境气氛，不能单方面追求利润。　　　　　　　　　　　　　　（　　）

实务题

> **单项选择题**

1. 酒店实施客户关系管理必须建立起以（　　）为导向的服务文化。

　　A. 客户性能分析　　　　　　　　　　B. 客户利润分析

　　C. 客户关怀　　　　　　　　　　　　D. 顾客

2. 酒店客户关系管理实施过程是（　　）。

　　A. 取得高层支持—成立 CRM 工作组—分析客户类别，制订相应政策—建立完整的客户档案

　　B. 成立 CRM 工作组—取得高层支持—分析客户类别，制订相应政策—建立完整的客户档案

　　C. 分析客户类别，制订相应政策—取得高层支持—成立 CRM 工作组—建立完整的客户档案

　　D. 取得高层支持—成立 CRM 工作组—建立完整的客户档案—分析客户类别，制订相应政策

3. 酒店营销人员针对（　　）应提供丰富的娱乐设施、方便的购物、多样化的餐饮服务。

　　A. 协议大客户　　　　　　　　　　　B. 旅游团

　　C. 体育代表团　　　　　　　　　　　D. 会议旅游者

4. 采用（　　）的酒店选择2个或者2个以上的细分市场作为自己的目标市场，并为每个细分市场确定一种营销组合。

　　A. 差异化策略　　　　　　　　　　B. 整合营销策略

　　C. 内部营销策略　　　　　　　　　D. 关系营销策略

5. 对待商务散客，酒店应提供（　　），供商务散客在酒店会见客户和进行其他商务洽谈活动。

　　A. 宽敞明亮、设施齐全的房间　　　B. 健身房

　　C. 小型会议室　　　　　　　　　　D. 豪华套房

➢ 多项选择题

1. 旅游酒店服务营销的策略有（　　）。

　　A. 旅游酒店整合营销策略

　　B. 旅游酒店差异化策略

　　C. 旅游酒店内部营销策略

　　D. 旅游酒店关系营销策略

　　E. 制订市场策略

2. 与交易营销相比，旅游营销更关注的是（　　）。

　　A. 提高顾客满意度　　　　　　　　B. 保持顾客

　　C. 培育顾客忠诚度　　　　　　　　D. 树立酒店形象

　　E. 盈利

3. 酒店营销人员针对会议旅游者的营销策略有（　　）。

　　A. 通过各种渠道尽快获取会议信息

　　B. 弄清会议召开的时间及筹备时间、会议规模、会议要求、会议决策者

　　C. 根据会议要求分析本酒店的接待能力

　　D. 注意建立和管理客户档案

　　E. 注重顾客体验

4. 酒店餐饮市场定位策略有（　　）。

　　A. 酒店餐饮首先要以满足住店客人为首责

　　B. 餐厅要有特色和主题，注重文化品位

　　C. 搞好主题宴会和酒会的接待

　　D. 多出精品，创新产品

　　E. 培育顾客对餐饮产品的忠诚度，打造优秀品牌

5. 酒店餐饮实行高价位定价策略的适用条件是（　　）。

　　A. 菜品的独特性

　　B. 市场无竞争对手，容易在市场中占据主导地位

　　C. 餐饮企业本身的品牌效应强，信誉卓著

　　D. 酒店客户价格敏感

　　E. 具有一定的高消费顾客群

> 判断题

1. 酒店餐饮要在经营理念的层次和主题的提升上做文章，不要搞"大而全"，做出自己的特色和文化。（　　）

2. 旅游酒店的服务产品既不能提前生产，也不可滞后交货，因而酒店服务经常面临供求平衡的问题。（　　）

3. 实施酒店客户关系管理，必须从注重一次性交易转变为注重与客户保持长期的关系。（　　）

4. 由于旅游酒店的散客一次性订房量小，酒店通常不给予价格上的折扣和优惠，而是采用门市价格出售。（　　）

5. 酒店餐饮折扣定价策略是根据客人就餐的不同季节、日期、时间等采取不同层次的优惠价格策略。（　　）

> 论述题

1. 有形要素在酒店中的作用是什么？
2. 简述旅游酒店服务营销的特点。
3. 酒店为什么要引入客户关系管理？
4. 旅游酒店的主要客房客源有哪些？

 **技能练习**

三亚如何成为真正的"土豪区"

每年的冬天，特别春节前后，三亚便成为了人们度假旅游的首选，这里的温度适宜，阳光灿烂，还有无与伦比的海景，让无数人不远千里而来。

而每到这个时节，三亚也成为了真正的富人区，不仅各地往返三亚的机票纷纷涨价，旅行团和酒店也开始迎来了一年中的最旺季。

不管是亚龙湾的星级度假酒店，还是热带天堂公园的鸟巢度假村，客房价基本都

在千元以上，而稍微好一点的五星级酒店，客房价更是从三千元到两万元不等，就连普通的家庭旅馆，贵的也到了八九百元一晚。即使这样，在亚龙湾、大东海和三亚湾的沙滩上，仍旧挤满了游客，酒店客房爆满。他们大多数来自北方，为了避寒而来，如候鸟一般。

分组研讨以下问题：

1. 谈谈三亚酒店涨价的原因。

2. 查找相关资料，分析三亚旅游的噱头和客户群。

要求：自由组合成小组（每组3人），并展开自由讨论，撰写分析报告，最后选派1名代表进行汇报。

项目八　旅游交通营销

 **学习目标**

通过本项目的学习，学生应掌握旅游交通的概念及特征；掌握旅游交通在旅游业中的地位和作用；了解旅游交通体系的构成及各种交通方式的优缺点；掌握影响旅游交通营销的因素；掌握旅游交通营销的新趋势。

 **知识点和难点**

知识点

· 旅游交通的概念及特征
· 影响旅游交通营销的因素

难点

· 旅游交通营销策划

 **案例导入**

美国西南航空公司的营销之道

背景与情境

美国西南航空公司达到的绩效水平和获得的各种奖项是罕见的：它在1998年被《财富》杂志命名为第一位的"最佳工作场所"；它是整个20世纪90年代行业内盈利能

力最强的航空公司，自 1973 年以来，公司每年都保持盈利；它在所有的主要航空公司中，是销售收入成长最快的公司；它获得了美国交通部颁发的"三冠王"称号；它在所有的主要航空公司中是运营成本最低的公司之一，每个座位每英里成本大约 7 美分，这一优势使它能够用低成本的票价打击竞争对手。

那么，美国西南航空公司成功的秘诀是什么呢？其成功的经营之道主要体现在这样几个方面：

一是延长员工的工作时间。西南航空公司除少量近程包机外，目前总共拥有客机 377 架，全部是波音 737 中短程客机，这为驾驶员随时接机飞行提供了方便。该公司许多驾驶员和空中服务员经常不停地倒班工作，飞行时间长。美国政府规定，飞行员每月飞行时间不得超过 100 个小时。申请破产的联合航空公司的飞行员平均每月的飞行时间只有 36 个小时，美洲航空公司的飞行员每月也只飞行 38 个小时，而西南航空公司的飞行员每月飞行时间高达 62 个小时，是联合航空公司和美洲航空公司飞行员工作时间的 2 倍。

二是千方百计降低成本。西南航空公司是美国最"抠门"的公司之一。飞机上只提供一些软饮料和花生米，不提供费时费力的用餐服务。当然，西南航空公司也没有需要用餐的长途航班，更没有国际航班。就连登机牌也是塑料做的，用完后收起来下次再用。"抠门"的结果是西南航空公司的机票价格可以同长途汽车的价格相竞争。

三是乘坐更方便快捷。西南航空公司的飞机不对号入座，不用上飞机找座位，也没有公务舱和经济舱之区别。上去就找空位置坐下，这样很快就可登机完毕起飞，既省了乘客的时间，也省了飞机滞留机场的费用。旅客们下飞机等行李的时间也比其他公司短。此外，西南航空公司的航班都是点对点飞行，从不中途停靠，因此，总是比别的公司更迅速。

四是努力提高设备利用率。西南航空公司的飞机是美国各大航空公司中最繁忙的，该公司的客机平均每天每架起飞 7.2 次，每架飞机平均每天在空中飞行的时间大约为 12 个小时，是美国航空业中在空中时间最长的飞机。

通过这些看似不起眼的措施，西南航空公司积小胜为大胜，一直以来从运送的每位旅客身上平均获得了 2.96 美元的利润。"9·11"事件以后的 5 个季度里，西南航空公司除包机外，总共飞行了 118.2 万个航班，平均每个航班的乘客人数比以前增加了 2.3 个。西南航空公司的每个座位每英里成本仅为 6.3 美分，在运营成本前十名的公司中排在第 9 位，而排在前 3 位的是美国航空公司、联合航空公司和美洲航空公司，分别为 11 美分、10.4 美分和 9.4 美分。

西南航空公司的不少做法以前曾被很多航空公司视为"不正规"，在相当长的一段时间里曾经被其他航空公司所不屑甚至嘲笑。但是，在对企业经营情况进行评价时，拥有权威地位的美国《财富》杂志给予西南航空公司以极高的评价，近七年连续将它评为"美国最受赞赏的航空公司"。

资料来源： 王振华.美国西南航空公司的营销之道［EB/OL］.（2003-06-25）［2015-08-17］. http://news.sina.com.cn/w/2003-06-25/17052679105.shtml.

问题

美国西南航空公司运用了哪些战术赢得了市场并获得了成功？美国西南航空公司的营销模式对目前航空业营销有什么启示？

分析

美国西南航空公司能在美国航空业一片萧条中一枝独秀，除了采取低成本运作以外，加强运作过程的管理、为顾客提供优质的服务、注重顾客满意度等一系列营销措施，是西南航空公司成功的保证，使其连续七年被著名的《财富》杂志评为"美国最受赞赏的航空公司"。可见"没有萧条的行业，只有萧条的企业"是有一定道理的，也体现了成功的营销活动的重要性。

任务一　旅游交通营销概述

任务导入

"门源油菜花"是指青海省海北藏族自治州的门源县一种美丽而蔚为壮观的人造景观。2018年7月，门源县正处于油菜花旅游高峰期，为了给广大人民群众和八方游客提供旅游出行高效便捷、安全舒适的优质服务，门源县交通运输局多管齐下、全方位、多角度地组织开展了一系列创建活动。

老师让小明查阅"门源油菜花"旅游的相关资料，分析地方政府在旅游交通营销方面采取了哪些措施。为了完成老师的任务，小明应该重点学习并掌握哪些旅游交通营销的基本理论知识？

任务讲解

一、旅游交通的概念及特征

1. 旅游交通的概念

对于旅游交通的概念目前在理论界尚未有统一的说法，许多学者对此进行了颇有意义的探索和界定，主要观点见表8-1。

表8-1　旅游交通的概念

学者（时间）	观　点
杜学（1996年）	旅游交通是指为旅游者在旅行游览过程中提供所需交通运输服务而产生的一系列社会经济活动与现象的总称
保继刚（1999年）	旅游交通是指为旅游者从客源地到目的地的往返，以及在旅游目的地各处进行各种旅游活动所提供的交通设施服务
李天元（2000年）	旅游交通是指旅游者利用某种手段和途径，实现从一个地点到达另外一个地点的空间转移过程

表 8-1（续表）

学者（时间）	观　点
关宏志，等（2001年）	广义的旅游交通是指以旅游、观光为目的的人、物、思想及信息的空间移动，它探讨的对象包括人、物、思想及信息；狭义的旅游交通概念则将讨论的对象限定在人或物
林森（2002年）	旅游交通是指为旅游者由定居地到目的地往返以及在各地区往返而提供的服务
张辉（2002年）	旅游交通是指利用一定的运载工具，通过一定的交通线路和港口、车站、机场等设施，在约定的时间内，将旅游者从其居住地或出发地向旅游目的地进行空间位置转移的一种特殊的经济活动
卞显红、王苏洁（2002年）	旅游交通是指支撑旅游目的地旅客流和货物流流进、流出的交通方式，路径与始终点站的运行及其之间的相互影响，包括旅游目的地在内的交通服务设施的供给及其与旅游客源地区域交通连接方式的供给

综上所述，旅游交通是指为旅游消费者在旅游过程中提供所需交通运输服务而产生的一系列社会经济活动与现象的总和。旅游交通业是由旅游公路、旅游航空、旅游铁路、旅游水运以及特种旅游运输方式共同构成的产业集合体，它介于公共交通运输业与旅游业之间，属于第三产业的范畴。一方面，它借助民用客机、旅客列车等公共交通设施，从事包括旅游者在内的所有旅客及其行李的公共运输活动；另一方面，它还利用旅游包机、旅游列车、游船等专用交通设施，在旅游客源地与目的地之间以及旅游目的地内各旅游活动场所之间，从事旅游消费者及其行李的专项运输活动。旅游交通业依托运输设施为旅游者提供空间移动服务，并通过这种特殊的无形服务产品的生产、交换、消费创造经济产值，因此，旅游交通业是一个新兴的交叉性、服务性、经济性产业。

2. 旅游交通的特征

1）交叉性

旅游交通业是为了适应旅游业发展的特殊需要，从公共交通运输业中衍生而成的新兴产业。一方面，它在很大程度上依赖于公共交通基础设施，与公共交通运输业密切关联；另一方面，它以旅游消费者为主要服务对象和目标市场，与旅行社、景区、饭店等旅游企业保持着紧密的业务关系，与旅游业息息相关。

旅游交通的交叉性，决定了它具有优越的市场适应能力和巨大的发展潜力。首先，旅游交通横跨旅游和交通运输两个客源市场，可以兼顾旅游专项客运和高档公共客运两种业务，因而在某一市场需求滑坡时，能够及时调整营销策略，进入另一个目标市场。其次，旅游交通凭借公共交通基础设施为旅游业服务，由于传统的公共交通基础产业具有高度稳定的特征，而新兴的旅游产业具有朝阳产业的特征，因此集"稳定"与"朝阳"双重特征于一身的旅游交通业蕴藏着巨大的发展潜力。

2）服务性

旅游交通业与工农业等生产型行业不同，它不生产有形产品，而是提供无形的运输服务，因而具有明显的服务性，它是借助交通工具使旅游消费者及其随身物品实现地理空间中的位置移动；旅游交通业也不同于商品批发、零售等流通性服务行业，它一般不代理有形产品的经销业务，而是经销自己的服务，它利用有形的各类交通工具提供并销售无形的运输服务。

旅游者与普通旅客不同，他们对旅行生活的舒适性、游览性和个性化有更高要求，因此质量、品种、特色就成为旅游交通服务的核心内容和生命源，从而使旅游交通的服务性越发重要和显著。

3）经济性

旅游交通业通过提供符合旅游市场需求的空间位移服务产品，满足旅游消费者在旅游过程中对交通运输的需求，完全按照经济规律和市场机制运作，以追求最佳的社会经济效益为产业发展目标，是国民经济的重要组成部分之一，因而经济性是旅游交通的根本性质。

二、旅游交通在旅游业中的地位和作用

交通运输业是使货物和旅客实现位置移动的物质生产部门，是生产过程在流通中的继续。旅游交通是整个交通运输的有机组成部分，是实现旅游消费者空间移动的必要方式。所以，旅游交通作为旅游业的六大支柱之一，在旅游业中发挥着不可替代的作用。

1. 旅游交通有时也是旅游活动的组成部分

通常情况下，旅游交通只是旅游者前往目的地游览的手段，但在特殊情况下，它也可能是旅游经历的一部分。例如，长江三峡从湖北宜昌至重庆奉节的白帝城，全长198千米，乘船行驶不仅使旅游者形成了较长距离的空间位移，也是旅游者游览过程的一部分。所以，旅游交通构成了旅游经历的一部分。

2. 先进发达的现代交通既是构成现代旅游的必要条件，也是促进旅游目的地旅游业发展的重要因素

旅游消费者要到达旅游目的地，必须借助旅游交通来实现。旅游者的活动半径有多大，旅游业的发展规模就有多大，但首先要取决于交通的发展规模。同时，旅游者

的空间位移不仅有距离长短的问题，还有所需时间长短的问题，如果所需时间过长，就可能有一大批人取消旅游计划。因此，旅游者的活动半径和旅游业的发展规模，不仅取决于旅游交通的发展规模，还要取决于旅游交通发展的先进程度。

3. 旅游交通运输能力是旅游生产力的重要组成部分

旅游生产力一般可理解为旅游综合接待能力，它由许多因素组成，如旅游景点的承载能力、旅行社的接待能力、饭店的接待能力、旅游交通的运输能力等。上述几个方面的接待能力必须保持一定的比例，彼此相互协调和配合。旅游交通的运输能力作为旅游综合接待能力的一个有机组成部分，其发展规模和水平要与旅行社、饭店等的接待能力相协调，在这种情况下，旅游业才能顺利发展；否则，即使旅行社和饭店等的接待能力较大，但由于旅游交通发展滞后，不能提供相适应的运输能力，整个旅游业的发展也会出现困难和问题。

三、旅游交通体系的构成

现代旅游交通体系主要由航空运输、铁路运输、水路运输、公路运输、特种旅游交通5种交通方式构成。每一种交通方式又由客运工具、客运站场和客运线路3个基本生产要素构成。各种交通方式根据其自身优势分工协作，分别主导不同运距、不同运速、不同运价的旅游交通细分市场，同时又优势互补、互相衔接、彼此竞争，共同构成了现代旅游交通产业综合体系，见图8-1。

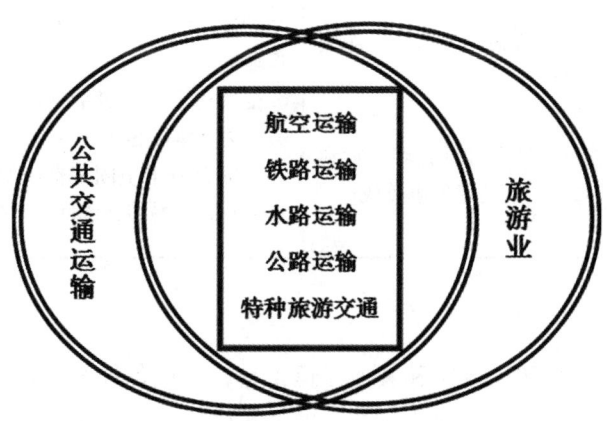

图8-1 现代旅游交通产业综合体系

1. 航空运输

航空运输是指使用飞机、直升机及其他航空器运送人类、货物、邮件的一种运输方式。航空运输具有快速、机动的特点，是现代旅客运输，尤其是远程旅客运输（500千米以上）

的重要方式,在国际贸易中主要运输贵重物品、鲜活货物和精密仪器等。现代航空运输是社会生活和经济生活的一个重要组成部分,是目前发展最快的一种运输方式。航空运输的优点和缺点见表8-2。

表8-2 航空运输的优点和缺点

优　点	缺　点
①速度快; ②机动性大; ③舒适、安全; ④基本建设周期短; ⑤投资少等	①飞机机舱的容积和载重量都比较小,运载成本和运价都比地面运输高; ②航空运输受气象条件限制,有时难以准时到达; ③航空运输速度快的优点在短途运输中难以充分发挥

2. 铁路运输

铁路运输是以机车为牵引力,以客车或货车为运载工具,沿着轨道载运旅客和货物的运输方式。铁路是我国经济的大动脉,在综合运输体系中起骨干和主导作用。铁路运输的优点和缺点见表8-3。

表8-3 铁路运输的优点和缺点

优　点	缺　点
①牵引力大,运输能力强; ②运输成本低; ③较少受气象、季节等自然条件的影响,能保证运行的经常性和持续性; ④运输的地区局限性较小; ⑤便于统一指挥和管理,计划性强,客、货到发的时间准确性比较高,运输的速度也较快; ⑥安全程度高	①始建投资大,建设时间长; ②始发与终到作业时间长,不利于运距较短的运输业务; ③受轨道限制,灵活性较差,需要有其他运输方式为其集散客源; ④运输总成本中固定费用所占比重大,一旦停止运营,不易转让或回收,损失较大

3. 水路运输

水路运输是利用船舶、排筏和其他浮运工具,通过各种水道运送旅客和货物的一种运输方式。水路客运服务主要有4种,即远程定期班轮服务、海上短程渡轮服务、游船服务和内河客运服务。轮船客运单纯地作为交通方式,由于速度慢、时间长等不足而逐渐走向衰落,日益被航空、公路、铁路运输所取代。同时,作为旅游度假形式的海上巡游(游船业)开始发展起来,成为一种特殊的旅游形式。对于游船业而言,其乘客、船只、乘客容量等都在迅速增加,许多航线都在增加船只,提高舒适性,增加新的停泊港湾。游船业在实现游客满意度方面是旅游交通业的标兵,这是其他交通方式难以比拟的。水路运输的优点和缺点见表8-4。

表8-4 水路运输的优点和缺点

优　点	缺　点
①主要利用江、河、湖泊和海洋的"天然航道"来进行,通航能力几乎不受限制; ②投资少,建设与维护费用较低; ③劳动生产率高,劳动力需要量少; ④运行持续性强	①速度较低; ②受气象条件影响大; ③受航道限制; ④灵活性较差,需要其他运输方式集散或接运客货等

4. 公路运输

固定班次的公共汽车主要限于为城际非商务旅行提供服务。包车和长途汽车是包价旅游的重要组成部分,短途旅游车是目的地内游客流动和一日游的重要工具。私家车是国内旅游、休闲短途旅游、休闲娱乐旅游的主要旅行工具。在我国,随着私家车的普及,自驾旅游已成为一种新的时尚。发达的公路交通网络及配套设施,如路边的汽车旅馆、餐厅、加油站、维修站和目的地停车场等,都为自驾旅游提供了极为便利的条件。公路运输的优点和缺点见表8-5。

表8-5 公路运输的优点和缺点

优　点	缺　点
①灵活; ②可以实现"门到门"运输	①成本高; ②易造成交通拥堵和环境污染

5. 特种旅游交通

特种旅游交通主要是指在旅游景区、景点的渡船、索道、缆车、轿子、滑竿、马匹、骆驼等形式的旅游交通方式。特种旅游交通的优点和缺点见表8-6。

表8-6 特种旅游交通的优点和缺点

优　点	缺　点
①便于游客通过一些难行的路段; ②可以辅助老弱病残游客完成旅游,有些还带有娱乐、观赏性质,可以提高旅游价值,招揽游客	①有些特种旅游交通,如索道、缆车等,有时会造成与风景名胜的不协调,或对风景区的环境造成破坏

上述交通方式对所有旅游目的地都有一定程度的影响，大部分旅游目的地同时受几种交通方式的影响。虽然不同交通工具之间存在着许多差异，但其功能的发挥却有许多共性。所有客运系统都是凭借受到或松或紧的控制和管制的交通工具，沿着连接出发地与目的地的线路网进行移动来运营的。

任务二 影响旅游交通营销的因素

 **任务导入**

2018 年 7 月 16 日，辽宁本溪水洞高铁全列媒体冠名首发式在齐齐哈尔南站隆重举行。此次本溪水洞高铁全列媒体冠名的是齐齐哈尔南—北京区间的高铁列车，其从齐齐哈尔南站出发，途经大庆、哈尔滨、长春、沈阳北、山海关、秦皇岛等 15 个城市和景点到达北京。沿线跨越 5 个省市，运行时长达 9 小时 29 分。

指导老师要求同学们结合辽宁本溪水洞制订高铁游的营销方案，分析高铁游营销的内外部制约因素。为此，小明应该掌握哪些旅游交通营销影响因素方面的理论知识？

 **任务讲解**

旅游交通营销是指根据市场的需求，结合旅游交通企业的优势，确定目标市场，通过开发经营适销对路的旅游产品，最终满足特定市场需求的营销活动。

一、影响旅游交通营销的外部制约因素

1. 交通工具技术

从私家车到游船再到飞机之间的竞争，促使交通工具在大小、座位数、速度、最大行程、节油程度、噪声及舒适度等方面不断改进。这些变化影响着企业经营的获利能力，也影响着顾客的选择。随着时间的推移，这些变化还决定了在可接受的时间和成本约束条件下，哪些目的地可以顺利到达。例如，20 世纪 80 年代，宽体远程喷气式客机的开发使洲际旅游成为可能。

随着空中管制技术的发展，新航线的不断开辟，空中运行时间进一步缩短，机场利用率大大提高，这些都对旅游市场产生了深远的影响。

虽然交通工具技术对于旅游市场的意义在公共交通中体现得最为明显，但私家车对于旅游市场的意义同样至关重要。事实上，周末度假、景点一日游等在很大程度上

都依赖于自驾游。因此，那些对私人交通工具产生影响的技术也成为旅游经营商开展营销必须考虑的问题。

2. 信息技术

20世纪80年代以来，计算机技术的广泛应用使客运企业得以有效应对业务量的不断增长。受航空业的引导，目前，订票、取消预订、出票、开收据、线路选择及报价等过程都由计算机来处理。这些过程同时生成了大量关于旅客特征的调研数据，这些数据对营销计划具有重要意义，与此同时，信息技术还改变了旅游业的分销过程。这些发展有很多是由交通企业带动的，其对成本-效益的更高追求不仅体现在日常经营中，同样体现在对营销运作的实施和控制中。

3. 政府管制

在20世纪的大部分时间里，国际级客运交通系统的经营活动在所有国家都受到严格控制和管理。在国际航空业中，机场准入、国家间飞行、飞越其他国家领空必须经政府间协议商定，这些协议包括准许哪些航空公司飞行哪些航线、允许多大运力及许可价格的范围和种类等。掌握这些决策权的政府机构，如中国民用航空局，实际上是直接插手营销决策的关键机构，并代替市场力量在发挥作用。无论哪个机构，如果控制了产品容量，并决定或影响价格，那么该机构必然会对旅行需求产生极强的影响。

4. 环境问题

交通主要涉及5个方面的环境问题，即噪声、尾气、能源利用、拥挤、废弃物的产生与处理。在20世纪80年代，这些问题对营销的意义并不显著，但在90年代，随着社会对环境保护的重视，环境污染也日益成为法规管制的内容。

交通拥挤是造成环境成本增加的又一个重要因素，因为拥挤导致上机或上车时间延误，进而导致更多的燃料耗费及更多的废气排放。交通系统的建设和维护产生了特殊废弃物，其中有些废弃物毒性很大，对废弃物的处理也越来越受到严格管制。

通过上述分析我们不难发现，当对交通企业在线路、运力和价格方面的传统管制正在解除之时，新的环境保护措施在不断引进，这些必将对旅游交通未来的营销活动产生深远影响。

二、影响旅游交通营销的内部制约因素

1. 资本投资与固定成本

现代交通经营的一个主要特征是高投资与高固定成本。所谓高投资，是指购买及

维护交通工具和设备、建立与维护线路网络及聘用操作系统的人员所必需的高经营成本。航空业的投资尤其高昂。

制约营销决策的第二主要特征在于经营任何服务的承付成本或固定成本都很高，而变动成本则较低。从营销的角度看，一旦决定提供一项服务后，每卖出一个座位就意味着多获得了占售票收入90%以上的收益。这些收益或者用于补偿已承付的固定成本，或者在达到盈亏平衡点后代表毛利的获得。鉴于以上原因，交通企业在进行营销时，应特别重视对座位的边际销售。

2.上座率、收益率与设施利用频率

由于客运交通的高投资和高固定成本特征，对于营销管理者而言，有3个衡量经营效率的主要指标显得尤为重要，它们分别是上座率、收益率和设施利用率。

任务三　旅游交通营销策划

 **任务导入**

在辽宁本溪水洞高铁全列游的案例中，指导老师要求同学们查阅相关资料，分析辽宁本溪水洞制订高铁游的营销方法。为此，小明应该掌握哪些旅游交通营销方面的理论知识？

 **任务讲解**

一、旅游交通营销的新趋势

1. 一体化旅游交通营销模式的应用

全球化是国际旅游业的一个主要发展趋势，包括消费者的品位、偏好和产品的集中化。跨国公司展现了资本全球化的趋势，并生产标准化的产品，推动了国际旅游市场的同质化。这从根本上表明，超越了地理局限性的跨国公司之间的国际旅游业务在不断增长，而且虚拟化公司也能作为交通运营商，其结果是旅游和交通将会更加一体化。同时，旅游交通企业规模的扩大，利润链条的增长，新型营销观念的产生，也推动了企业一体化经营模式的形成，寻求合作成为一种普遍的选择。由于旅游企业垂直一体化趋势的出现，旅客需要通过多种交通方式的结合来完成旅程，因此旅游交通企业应该寻求能够互相替换并能够互相结合的交通方式，从而为乘客提供一体化的服务。

2. 信息技术在旅游交通营销中的应用

随着互联网的普及与电子商务营销模式的兴起，大量旅游交通服务商纷纷建设预订系统和咨询平台，以使更多的旅游者能够更快、更及时、更全面地了解自己的产品和服务，从而扩大自身的客源群体和销售收入。

信息技术的出现使航空公司和旅行代理商之间的销售结算变得更加方便，计算机预订系统再造了航空公司的整体营销和分销流程，使航空公司成为战略经营单位。

 知识拓展

计算机预订系统的营销优势

(1) 提高互动性,建立起与顾客和合作伙伴之间的密切联系。
(2) 提供在线预订和电子机票。
(3) 便于收益管理。
(4) 进行飞机即将起飞前的机票电子拍卖。
(5) 便于选择中间商并重新设计代理商的佣金方案。
(6) 使新的电子分销媒体的生产效率最大化。

二、旅游交通营销战略策划

1. 旅游市场潜力预测

由于旅游交通业具有高投资与高固定成本的特征,交通工具及其他投资决策必须与收入预测(收入=顾客量 × 顾客所付平均价格)相适应,因此营销管理者必须按每一条线路及每一个细分市场对交通需求的数量、层次结构、质量等方面进行估计。通过开展大量的营销研究和持续的顾客追踪来预测市场潜力,为规划未来的运营线路、班次安排及相关投资奠定基础。

虽然对经营环境的预见性较差,对旅游交通需求量的预测也不可避免地存在风险,但旅游交通运营商对乘客行为了解越多,其风险就会越小。从这个意义上说,营销战略有助于企业提高产品组合与市场之间的适应性。

2. 树立企业良好的市场形象

作为将市场潜能转化为现实收入过程的一部分,战略营销有助于旅游交通企业在不断争夺市场份额的过程中与竞争对手相匹敌并争取领先于竞争对手。在市场的运营机制处于主导地位的时代中,战略重点应转移到对顾客行为特征的研究上。旅游交通企业应考虑顾客是如何审视企业的,企业有什么样的优势(这些优势可以演变成企业形象或市场定位,对顾客具有长久的吸引力),并以广告等形式传递给目标顾客。当企业处于保本座位利用率两侧高度敏感的边际运营区时,少量市场份额的流失就可以使企业变盈为亏。忠诚度低的顾客往往会受到不同企业正面或负面形象的影响而改变

其选择。因此，旅游交通企业必须对企业广告和产品广告予以高度重视，从而在公众心目中树立企业良好的市场形象。

3. 做好顾客关系管理，创造并留住顾客

统计分布中的"80/20"原理是指少量的常客（其中大多数为商务客人）所带来的收益可能在企业整个收益中占很高的比例，即企业收益的很大比例来自忠诚顾客。例如，在一些线路上，占乘客总数20%的人可能带来80%的收入，原因在于，他们支付较高的票价并经常旅行。对这些顾客需要认真加以培养开发，战略之一就是对老顾客实施奖励。自20世纪80年代以来，大多数航空公司、汽车租赁企业和其他交通运输企业都提供各种形式的会员俱乐部、优惠卡或通行证来回报常客。

4. 注重旅游交通运输企业之间的联盟

交通运输业竞争激烈，一些交通运营商为了扩大自己的市场份额，不惜大打价格战，甚至导致某些交通运营商无利可图，破坏了市场经济秩序。为了避免出现这样的局面，各交通运营商应结成联盟，如国际航空公司之间的战略联盟。

5. 加强与旅游业其他部门的合作

整体旅游产品包括旅游活动过程中的吃、住、行、游、购、娱6个基本要素。作为旅游产品的一个组成部分，旅游交通与酒店、旅游景区、旅游商店、娱乐场所等常常是一荣俱荣、一损俱损的关系。近年来，一些交通企业越来越多地将注意力从业内向业外转移，从作为交通工具、线路和终点站企业的传统角色转向与整体旅游产品中其他产品要素经营者进行联盟的合作者角色。这种联盟的范围非常之广，上至与酒店、景区的有限联盟，下至与旅行社等营销组织的全面联盟，与旅游目的地企业和旅游产品销售网络结成战略营销联盟，成了交通运营商的一项重要营销战略。

三、旅游交通营销战术策划

1. 针对不同细分市场提供不同的服务产品

对于交通企业而言，大部分战术营销往往是针对特定细分市场的，无论其目标是抓住并利用由外部环境中的意外事件所带来的市场机会，还是保护受到不利环境或竞争者行为威胁的市场地位，都是如此。但旅游交通企业又会通过价格调整来提高人们在高峰时段以外的时间里对交通工具的利用率，常用的做法是设计针对特定细分市场的不同价格，同时规定前提条件，以避免所谓的"收入稀释"，防止乘客放弃本来要购买的高价票，转而购买低价票。

针对特定细分市场设计特殊价格的理念，通常被冠以多种不同的名称，在欧洲和北美广泛使用的预购游览票便属于这种为特定市场设计特定价格和产品的范例，这种票通常依赖于运营服务减少可能出现的空座，从而最大限度地创造边际收益。此外，企业往往通过大幅度降价或给予团队价格优惠鼓励旅行社提前预订。

2. 制订详尽可行的促销策略

旅游交通营销的一个重要作用就是借助旅游交通，将潜在的旅游需求变成现实的旅游需求，并获取一定的收益。所以，各旅游交通企业需要通过促销策略，树立良好的形象，培养忠诚顾客。

3. 对外部环境的变化有相应的应对措施

旅游业是一个脆弱的行业，它与环境存在着高度的依存性。因此，为了对许多不可预料的外部环境变化做出回应，旅游交通企业的营销战术中应包括应急措施，如临时性大规模促销、大幅降价等，以减少因环境波动而带来的损失。

思考与训练

理论题

> **单项选择题**

1. （　　）是旅游交通产业的根本特点。

　　A. 交叉性　　　　B. 服务性　　　　C. 经济性　　　　D. 安全性

2. （　　）承担着我国客货运输总量相当大的比重，是我国经济的大动脉，在运输体系中起着重要作用。

　　A. 航空运输　　　B. 铁路运输　　　C. 水路运输　　　D. 公路运输

3. 旅游运输业中增长最快的部门是（　　）。

　　A. 旅游航空　　　B. 自驾游　　　　C. 游船　　　　　D. 特种旅游

4. 在收益率、设施利用频率等条件不变的情况下，（　　）的高低直接影响到经营收益。

　　A. 上座率　　　　B. 准点率　　　　C. 服务质量　　　D. 固定成本

5. 经过分析，我们发现（　　）将对未来旅游交通营销产生深远影响。

　　A. 传统管制　　　　　　　　　　　B. 新的环境保护管制

　　C. 交通拥挤　　　　　　　　　　　D. 成本问题

➢ **多项选择题**

1. 旅游交通业是一个具有（　　）特点的新兴产业。
   A. 稳定性　　　　　　　　　B. 专业性
   C. 交叉性　　　　　　　　　D. 服务性
   E. 经济性

2. 旅游交通业主要由（　　）构成。
   A. 旅游航空　　　　　　　　B. 旅游铁路
   C. 旅游公路　　　　　　　　D. 旅游水运
   E. 特种旅游交通

3. 航空运输的优点有（　　）。
   A. 速度快　　　　　　　　　B. 机动性大
   C. 舒适　　　　　　　　　　D. 安全
   E. 基本建设周期短

4. 对于营销管理者而言，衡量客运交通经营效率的主要指标有（　　）。
   A. 上座率　　　　　　　　　B. 收益率
   C. 设施利用频率　　　　　　D. 资本投资
   E. 固定成本

5. 旅游交通业发展的新趋势有（　　）。
   A. 一体化旅游交通营销模式　B. 信息技术的应用
   C. 行业间合作　　　　　　　D. 先进交通工具的运用
   E. 旅客奖励计划

➢ **判断题**

1. 噪声、尾气、能源利用、拥挤、废弃物的产生和处理，这些问题对旅游交通营销的意义并不显著。　　　　　　　　　　　　　　　　　　　　　　　　（　　）

2. 旅游交通业集"稳定"与"朝阳"双重特征于一身，为此蕴藏着巨大的发展潜力。　　　　　　　　　　　　　　　　　　　　　　　　　　　　　　（　　）

3. 旅游交通业利用有形的各类交通工具提供并销售有形的运输服务。（　　）

4. 政府管制在交通业发展中的作用越来越大。　　　　　　　　　　（　　）

5. 所有交通系统都会给自然环境造成压力，特别是对旅游目的地地区的环境造成压力。　　　　　　　　　　　　　　　　　　　　　　　　　　　　　　（　　）

实务题

➤ 单项选择题

1. 最近，海南航空携手去哪儿网精选多条出境游热门航线，开启机票团购。这是（   ）营销手段的应用。

   A. 与其他行业合作　　　　　　　B. 与旅游业其他行业合作

   C. 网络　　　　　　　　　　　　D. 关系

2. 旅游交通营销战略策划要求企业必须对（   ）予以高度重视。

   A. 顾客关系管理　　　　　　　　B. 企业广告和产品广告

   C. 企业的内部客户　　　　　　　D. 企业利润

3. 由于交通运输业竞争激烈，为避免打价格战，各交通运营商应（   ）。

   A. 做好顾客关系管理　　　　　　B. 结成联盟

   C. 树立企业良好的市场形象　　　D. 加强与其他部门合作

4. 在市场运营机制处于主导地位的时代，旅游交通企业战略重点应该转移到（   ）。

   A. 对顾客行为特征的研究　　　　B. 对旅游交通市场的调研

   C. 对营销组合的改进　　　　　　D. 对经营策略的制订

5. 旅游交通企业通常会采用价格调整来提高人们在高峰时段以外的时间里对交通工具的利用，常用的做法是设计针对特定细分市场的不同价格，同时规定前提条件避免所谓的（   ）。

   A. "马太效应"　　　　　　　　　B. "收入稀释"

   C. "收入浓缩"　　　　　　　　　D. "成本稀释"

➤ 多项选择题

1. 假如你是某旅游企业的客户经理，你需要设计一个数据库，用于全面了解客户信息，请选择以下应该属于数据库的项目（   ）。

   A. 身份数据　　　　　　　　　　B. 地址数据

   C. 财务数据　　　　　　　　　　D. 行为数据

   E. 交易数据

2. 旅游航空企业与旅游行业或和其他行业企业合作，常见的有（   ）。

   A. 和网站合作　　　　　　　　　B. 与酒店合作

   C. 旅游航空企业间合作　　　　　D. 与旅游景点合作

   E. 与旅行社合作

3. 所有旅游航空企业营销思维的基础和逻辑出发点应该是（　　）。

　　A. 确保每一次飞行时保持一定的上座率

　　B. 全年的设施利用频率维持在较高水平

　　C. 降低燃料耗费和废气排放

　　D. 降低维护交通工具和设备的费用

　　E. 一体化营销模式在旅游交通企业的应用

4. 旅游交通业是一个脆弱的行业，与环境的依存度高，因此在旅游交通企业营销策划中应该有应急措施，如（　　）。

　　A. 临时性大规模促销　　　　　　B. 大幅降价

　　C. 提升服务质量　　　　　　　　D. 临时性线路更改

　　E. 临时性交通工具调配

5. 由于旅游交通业具有高投资与高固定成本的特征，交通工具及其他投资决策必须与收入预测相适应。因此，营销管理者必须按每一条线路及每一个细分市场对交通需求（　　）等方面进行估计。

　　A. 时间　　　　　　　　　　　　B. 变化

　　C. 数量　　　　　　　　　　　　D. 层次结构

　　E. 质量

> 判断题

1. 由于旅游交通业具有高投资与高固定成本的特征，交通工具及其他投资决策必须与收入预测（收入 = 顾客量 × 顾客所付平均价格）相适应。　　　　（　　）

2. 旅游交通企业在进行营销时应该特别重视对座位的边际销售。　　（　　）

3. 在旅游交通企业营销策划中，应注意对一体化交通营销趋势的把握和应用，即对充分竞争新思路的广泛接受。　　　　　　　　　　　　　　　（　　）

4. 针对特定细分市场制定特殊价格的理念，通常伴随着相关服务演绎为特殊产品。　　　　　　　　　　　　　　　　　　　　　　　　　　　（　　）

5. 旅游交通业中的营销手段与其他行业大多相似，这些营销手段的运用主要是为了树立良好的企业形象。　　　　　　　　　　　　　　　　　（　　）

> 论述题

1. 什么是旅游交通？

2. 旅游交通体系由哪些部分构成？

3. 旅游交通营销受哪些内外部因素的制约？

4. 旅游交通营销发展的新趋势是什么？

 **技能练习**

"旅游+高铁"成为旅游业新的经济增长点

2009年底开通的武广高铁让"高铁游"成为旅游的新亮点。为体验武广高铁的高科技魅力,不少游客选择在春节期间乘坐高铁到湖北、湖南等地旅游,带动了高铁沿线地区的旅游市场。"高铁游"这一便捷、时尚的旅游线路在春节期间获得大批游客青睐,极大地带动了武广沿线各大城市游客量增长,成为拉动国内旅游业务增长的"火车头"。为应对未来"高铁时代"的假日经济,业内专家指出,鄂湘粤三地需进一步加强合作、整合旅游资源,完善"高铁游"相关配套服务,为游客提供更优质、更合理的旅游产品。

武广高铁沿线著名景点包括:

湖北:长江三峡,武汉东湖,木兰八景,武当山,咸宁温泉,神农架,楚河汉街,户部巷,昙华林。

湖南:岳麓山,岳阳楼,凤凰古城,张家界。

广东:白云山,光孝寺,世界之窗,孙中山故居。

业内人士指出,尽管"高铁游"带动了春节黄金周旅游增长,但一些沿线城市在这一旅游热潮面前显得准备不足,交通、接待能力、导游服务等各项相关配套服务和管理方面的问题也随之凸显。湖北省中青旅的有关负责人说,从高铁火车站到市区的交通还不方便,旅行社的游客乘坐大巴还好,而散客到市区则要花费大量时间和精力。记者采访发现,许多市民对车站位置、如何换乘、乘车时间等都不清楚。湖北省咸宁市旅游局副局长余珂认为,未来"高铁游"还需完善相关咨询服务,可在列车上为游客做些旅游介绍;沿途各城市也要完善相关车站、景区配套设施建设,提升服务,让游客从车站到市区、景区更加便捷。此外,他认为,鄂湘粤还要加强整合特色旅游资源,联合对外推广,形成更具优势的产品品质和市场竞争力,共同打造精品线路,实现共赢。

分组研讨以下问题:

1.谈谈"旅游+高铁"旅游新模式成功的根本原因是什么?

2.随着"高铁游"的热门,旅游交通其他配套服务存在哪些问题?有什么应对措施?

要求:自由组合成小组(每组3人),并展开自由讨论,撰写分析报告,最后选派1名代表进行汇报。

项目九　旅游网络营销

 **学习目标**

通过本项目的学习,学生应掌握网络营销的概念及优势;了解网络营销给旅游产业链带来的影响;掌握旅游网络营销的平台和系统;了解旅游网络营销的新技术和新战略;具备进行旅游网络营销的能力。

 **知识点和难点**

知识点

· 旅游网络营销的概念及优势
· 旅游网络营销的推广

难点

· 旅游网络营销战略

 **案例导入**

"九寨沟小萝莉",纯情秒杀网友

背景与情境

2010年10月,"九寨沟小萝莉"的图片疯传于各大网络,网友集体"被秒杀","一见倾心,再见倾城"的"九寨沟小萝莉"各种可爱"POSE"的照片,让人们惊叹"九寨沟小萝莉"实在太萌了。"小萝莉"的照片发布到网上后，网络推手进行一轮炒作推广，不明真相的网友们也加入这次旅游网络推广中来，开始了一场席卷整个互联网的推广。

"九寨沟小萝莉"事件是旅游景区利用网络红人进行炒作宣传的经典，也是2010年旅游网络营销案例经典。

自从"九寨沟小萝莉"在网络爆红之后，九寨沟地区的旅游业继黄金周后再次进入旺季，这无疑是"九寨沟小萝莉"掀起了九寨沟旅游热潮。全国知名旅游线路预订网站"悠哉旅游网"给出的统计数据显示，自从"九寨沟小萝莉"在九寨沟的照片被曝光后，该地区旅游线路订单量和电话量明显上升，增长幅度接近15%。

资源来源：转载自王续明的游谈博客，2010-10-22，本文有删改。

问题

结合所学的营销原理，谈谈你对"九寨沟小萝莉"事件的看法。

分析

我们知道，面对日益激烈的旅游市场竞争，谁掌握了网络营销，谁就掌握了未来旅游市场。网络上的信息和服务，只要游客感兴趣，马上可以进行体验和消费，所以网络对于景区来说，除了是品牌互动的阵地之外，还是未来最重要的旅游销售平台和渠道。"九寨沟小萝莉"事件就充分利用了网络的强大互动性和传播的实效性。

任务一 旅游网络营销概述

任务导入

"千岛湖女岛主征集令"活动是由千岛湖风景旅游局、千岛湖旅游集团联合主办,网易、天涯、爱情公寓、POCO等主流媒体全程支持的大型网络选秀活动。活动从2010年5月初开始一直持续到8月,历经网络报名海选、1 078名候选"岛主"晋级、24强甄选、线下实景拍摄及最终PK决选5个阶段。整个活动共吸引了近2万人网络报名参赛,覆盖全国30余省市区,活动共收到28万人实名投票,累计总票数超过230万,受到众多网友的热捧。

老师让小明查阅"千岛湖女岛主征集令"活动的相关资料,分析此次活动运用了哪些网络营销手段。为了完成老师的任务,小明应该重点学习并掌握哪些旅游网络营销的基本理论知识?

任务讲解

随着信息技术、计算机和网络技术的不断发展,网络营销已经成为各行各业的趋势。网络营销也为旅游业开辟了新天地,革新了传统旅游营销方式,加速了旅游业的发展。

一、旅游网络营销的概念及优势

旅游网络营销是指旅游营销主体以满足顾客的旅游需求为目标,以电脑网络技术为技术手段,来开展旅游市场调研、旅游产品设计、旅游产品分销和旅游产品促销等一系列旅游营销活动。旅游网络营销是网络营销方式在旅游市场营销中的运用,是互联网和旅游营销的迅速发展和完善的必然产物。2014年,腾讯公司对超过一万名网友的调查中发现,57%的网友有过网络订购机票或酒店的经历,其中23%的网友经常订购;同时有31%的网友认为网上订购旅游服务更便宜也更方便。

现代市场营销最重要的是供需双方信息的传播和交换,互联网以超越时空限制的特点将旅游企业、组织和团体与顾客连在一起,使无限多的信息交换成为轻而易举的事情。与传统营销方式相比,旅游网络营销具有多方面的优势,见表9-1。

表9-1 旅游网络营销的优势

优　势	说　明
营销成本低	网络传递产品信息的经济性,使网络营销的成本大幅度降低,同时非店面销售省去租金、水电、人工成本等大笔费用,这必然会大大降低旅游营销成本;另外,旅游网络营销具有无与伦比的高效率,突出地表现在信息量大、精确度高、更新快、传递迅捷上,这也会有效地降低旅游营销成本
营销环节少	旅游网络营销具有高度的整合性,它可以将旅游市场调研、咨询、旅游产品设计、促销、销售、结算和售后服务等所有旅游事务一网打尽,使得旅游产品生产经营企业可以直接面对旅游者,从而可以起到减少营销环节、削弱传统旅游中间环节的作用
营销方式新	无论是旅游企业还是旅游消费者,都可以自由地发布和寻找信息,自由地、互动式地在网上进行沟通,因此,旅游网络营销兼具直接营销、目标营销、双向互动营销、参与式营销等特点
营销全球化	互联网传递产品信息的跨空间性,使旅游企业可轻易地将其营销活动扩大到全球范围
营销全天候性	网络传递信息所具备的超时间性,就可使旅游网络营销不再受节假日、营业时间、不同地区时差等时间因素的限制,使旅游企业有条件为顾客提供全天候的旅游服务
营销无形化	互联网的多媒体功能使旅游网络营销可以集图、文、声等各种媒体的传播形式,创造出虚拟环境,立体化地传播旅游信息,这就使旅游网络营销具有虚拟营销的突出特征,从而使旅游营销活动可突破某些物质条件的限制
营销标准化	为了适应网络信息沟通的需要,在旅游网络营销过程中必须将旅游产品的各种特征和属性信息化、标准化,要求产品交易过程规范化和标准化
营销超前性	网络营销体现营销发展的基本趋势,而且它所面向的特定市场具有极大的增长潜力
营销技术性	由于网络营销以具有高技术含量的电脑和互联网为基础,因而企业组织实施旅游网络营销必须有一定的技术投入和技术支持

二、网络营销对旅游业发展的意义

网络营销对旅游业发展的意义深远,具体表现在:
(1)网络营销是旅游企业降低成本的有效手段。
(2)网络营销是旅游企业实现个性化服务的平台。

（3）网络营销是旅游企业提高企业知名度的必然选择。

（4）网络营销是旅游企业扩大市场的重要条件。

三、网络营销给旅游产业链带来的影响

1. 对供应商的影响

（1）对于汽车、火车和航空公司等行程供应商和住宿业供应商来说，网上在线预订和订票能广为流行的关键在于提供"用户化"的旅游产品和服务的理念。在网上在线预订出现之前，订制过程是由旅行社完成的。在网上在线预订出现之后，供应商可以根据顾客的特定需求进行生产，更好地管理存货清单，并使其产品更加个性化。

（2）对旅行社来说，网络营销带来的影响非常深远。因为几乎所有的旅游供应商都在尝试着直接和顾客进行交易，中间环节的消失使得佣金减少，降低了中间商的生存空间。面对巨大的生存压力，旅行社针对新的现实情况采取了各种对策，这些策略经历了从早期的抵制网络，到后来建立自己的中心预订系统，以摆脱传统的全球分销系统的制约。

2. 对传统印刷手册信息发布的影响

传统上，旅游者很大程度上依靠印刷手册来获取关于目的地、旅游产品和服务方面的信息，每年企业和目的地商家都会花费巨额费用来印刷和分发印刷手册。网络的发展使企业对以印刷手册作为营销工具的依赖已弱化。

3. 对在线旅游网络营销市场的影响

在线旅游市场的潜在利益也吸引了其他商家来参加竞争，一大批提供旅游信息发布和旅游预订服务的纯在线旅游网站如雨后春笋般地涌现出来。

任务二 旅游网络营销推广

 **任务导入**

结合上一任务"千岛湖女岛主征集令"活动,老师让小明进一步查找此次活动运用了哪些平台进行推广?为了完成老师的任务,小明应该重点学习并掌握哪些旅游网络营销推广的理论知识?

 **任务讲解**

一、旅游网络营销平台

一个设计出色的网站往往会成为网络上强大的营销工具,对于旅游企业而言,网站则可以看作它的一个分支机构,网站的质量直接影响到它所代表的企业形象。

如同网络营销需要一个营销计划一样,一个网站也需要网站建设计划。网站建设计划应包含3个阶段:网站设计前、建设中和建成后。

1. 网站设计前,需要考虑的问题:

(1)企业的性质是什么?

(2)网站的目的是什么?

(3)谁是已有客户,哪些人可以成为客户?

(4)已有的和潜在的客户都有什么特点?

(5)这些客户在哪里?

2. 网站建设中,需要考虑的问题:

(1)网站的访问者可以在这里找到他们需要的信息吗?

(2)访问者如何能便捷地找到所需信息?

(3)访问者如何能快速地获取信息?

（4）如何使信息的展示既生动又吸引人？

（5）如何定义访问者眼中富有趣味并吸引人的标准？

（6）怎样才能使访问者在我们的网站停留更长的时间？

（7）在线客户服务是否及时？

（8）如何使访问者再次光顾网站？

（9）我们的网站是否可以使我们知道这些访问者是谁？

（10）我们如何建立与访问者之间的信任、保密措施和安全检测？

（11）我们在网站中可以使用哪些营销工具？

3. 网站建成后，需要注意的问题：

（1）访问者能够找到我们的网站吗？

（2）访问者从哪里、如何找到我们的网站？

（3）如何增加访问者找到我们网站的可能性？

（4）有哪些可行的方法能使我们的网站为人们所获知？

知识拓展

我国旅游行业网络营销的七大模式

1. 建立网站

网站是当下旅行社展示自己公司和产品的主要线上渠道，网站分为展示型和营销型。展示型主要展示旅行社的基本信息内容；营销型除了展示外，还有产品的在线预订、在线支付等功能，像青岛旅游 SEO 目前为青岛海之恋旅行社所建立的网站都是营销型网站，同时兼顾网络优化功能，是功能相对比较齐全的旅行社网站。

2. 开设天猫旗舰店

天猫旗舰店是目前在购物领域非常成熟的网上平台之一。各旅行社也纷纷在"天猫"上注册网店，卖门票、酒店、旅游线路、机票、租车等。在"天猫"上开店需要押金、年费等，相对投入成本较高，但成功的旅行社也很多。

3. 微博营销

微博是热门的社交媒体之一。旅行社可以在微博上开设账号，加"V"。在微博上发布自己公司的最新产品，搞抽奖来吸引粉丝，扩大影响力。

4. 微信

微信以其传播快、方便而著称。旅行社可以为自己公司设立微信公众号，把微信公众号告诉游客朋友，以最方便的方式与客户沟通交流。

5. 各大社交媒体

在国内有名的各大论坛、社交门户网站上注册账号，发布帖子，吸引潜在客户等。

6. SEM 推广

SEM 也就是在各大搜索引擎上的付费广告，按照点击量来收费。2018 年百度开户费为 6 000 元，其中 5 000 元是充值的，1 000 元是技术服务费。目前青岛海之恋旅行社也在做百度的付费推广，效果也不错，关键是看如何运营。

7. 手机端和 App 客户端

移动营销进入到了火热阶段，作为一个网站，能够让客户在手机上打开浏览，已经成为必要，另外下载客户端也是一种不错的方式。

二、旅游网络营销系统

1. 在线预订系统

计算机预订系统是一种开放和多面的、适用于整个旅游活动，包括机票、宾馆等预订供应商及客户的专业预订系统。计算机预订系统从其起源上看，主要可分为专门的中介系统和依托航空公司的系统。

旅游企业运用计算机预订系统，是在旅游企业内部网络化的基础上，利用网络来吸引顾客，接受顾客的预订，而要真正达到这样的要求，就必须实现企业外部的网络化。国际上先进的计算机预订系统，主要分为中央预订系统和专门的中介系统，见图 9-1。

图 9-1 旅游网络营销计算机预订系统

（1）中央预订系统。这主要是指集团旅游企业，如集团宾馆所采用的内部预订系统。它是一种封闭的、归属特定企业集团的、由集团成员共享的预订网络。它具有排他性,较少对外开放,既是企业集团综合实力的体现,同时又是其垄断客源的一种途径。计算机预订系统具有旅游集团信息共享、客户资源共享的联网销售优势。例如,香格里拉集团推出的"金环计划",可以储存所有集团房客的个人资源、偏好等信息,供所有成员宾馆共享。某位客人若曾经在一家香格里拉饭店消费,等他预订另一家香格里拉饭店时,该信息便可自动显示,从而使这家饭店能够提高预订效率,并进一步提供有针对性和个性化的服务。由于中央预订系统主要是针对旅游系统的一种内部预订系统,其所需要的资金投入相当大。

(2)专门的中介系统。专门的中介系统是指专门从事宾馆营销的企业和宾馆促销联合体所建立的销售网络。它通过自己设立在世界各地的销售点或终端接受客人委托预订,同时与入网宾馆建立代理销售合同,通过佣金的形式实现自己的利润。

2. 全球分销系统

全球分销系统是一种迅速发展中的新型营销网络,是为代理人提供航空和旅游产品分销服务的计算机技术与网络服务系统的系统总称。它通常是以国际性航空公司为龙头,与连锁饭店、度假村、汽车租赁公司、铁路公司以及旅游公司等旅游相关企业联盟共同建设,提供航班预订、订房旅游预订等综合服务的分销与信息服务系统。通过全球分销系统,遍及全球的旅游销售机构可以及时地从航空公司、旅馆、出租车公司、旅游公司获取大量的与旅游相关的信息,从而为顾客提供快捷、便利、可靠的服务。

国际上,较为知名的全球分销系统,主要有 Amadeus、Galileo、Apollo、Sabre、Worldspan、Axess 等,加入全球分销系统组织的各个宾馆集团或独立酒店都可以使用全球分销系统开展预订服务。美国几乎所有的旅行社都接入了美国的大型全球分销系统。

任务三 旅游网络营销战略

 **任务导入**

假设再举办一次"千岛湖女岛主征集令"活动,老师让小明完成一份"××年千岛湖女岛主征集令"活动网络营销方案。为了完成老师的任务,小明应该重点学习并掌握哪些旅游网络营销战略的理论知识?

 **任务讲解**

每天都不断有新的技术被引入市场,为旅游网络营销开拓新的领地和机遇。随着新技术的诞生,新的范式被不断创造出来,为了在这个不断变化又充满利润的旅游网络营销领域里竞争搏击,新的战略思想更是层出不穷。旅游企业应该不失时机地推广应用网络新技术,以新范式配合新战略。

一、新技术

在思考技术的发展趋势时,需要理解人类对于交流通信、信息发布和商务交易的需要。正如 Internet 是人们不懈追求即时、实时和全天候交流的产物一样,未来技术趋势应该朝着能够解决交流和商务中仍然存在问题的方向发展。旅游网络营销的新技术见表 9-2。

表 9-2 旅游网络营销的新技术

新技术	说 明
移动性	通过定位技术,旅游者如果知道他目前的位置或者前进方向,只需输入所在地或目的地的地址,就可以方便地找到餐馆、商场、剧院等场所
即时通信(IM)	旅游网络营销可以用这种技术即时发送各种用户化的信息,如旅行条件和航班取消信息等
技术集成	将声音、数据和影像综合为一个单一的、基于 IP 的网络

表 9-2（续表）

新技术	说　明
业务一体化和网络营销技术	网络营销技术正被集成到旅游企业日常业务运作中
语音识别	通过语音识别技术，旅行者可以在驾车或做其他有趣的事情时，将自己的双手解放出来
跟踪技术	利用跟踪技术，使用户登录它们的网站，帮助购物者非常容易地找到及购买他们所需的产品，并通过用户化和个性化，使电子客户关系管理成为可能

二、新战略

企业的某些基本原则不会改变，但是企业运作的方式必须为了适应网络环境而改变。

1. 服务导向

旅游网络营销的第一个战略就是将重点放在顾客和客户服务上，而不是产品上。一个顾客和服务导向的企业会努力理解顾客的需要，寻求满足他们需要的解决方案。一个产品导向的企业试图售卖产品的功能特色，让消费者决定他们想要什么。举例来说，一个顾客和服务导向的旅行社，会在理解顾客需要和喜好的基础上，策划出个性化的方案去满足顾客的需要，并与顾客建立长期友好的关系。

2. 建立虚拟社区

旅游网络营销的另一种战略是建立虚拟顾客社区。Internet 为企业提供了各种可能的工具，为顾客交流通信、共享产品和服务信息提供了大量机会。这些工具，诸如社交软件、邮件列表、论坛、聊天室和各种门户网站，为那些有相同兴趣的人们在网络空间里相聚、交流和共享信息提供了极好的平台。

在网络营销中，虚拟消费者社区的理念是一种最令人激动和最有前途的市场营销技术，它被称为虚拟营销（Virtual Marketing），也就是顾客基于自己的经历自愿地传播关于某个企业、某项产品或某一服务的信息的过程。这是一种 Internet 形式的口碑营销。当对你满意的客户在一个虚拟社区里向他们的朋友推荐你的网站或服务时，这种推荐的影响力将大大超过直接从你的公司得到的信息。如果你的客户将他或她的推荐介绍给他们的朋友，那么你就得到了虚拟营销的效果。这一切得益于在 Internet 上传播信息比传统方式更加简单、快捷而方便。

3. 伙伴关系

传统旅游市场营销除了经典的价格、产品、渠道和促销这 4P 营销之外，最重要的元素之一便是伙伴关系。旅游业的性质决定了在满足旅游者需求的过程中，各企业之间相互关联而形成团队，这就使伙伴关系变得十分重要。宾馆的利润来自航空业的合作，小企业的利润来自与大型的、有声望的公司的合作。在旅游业中，许多利益来自伙伴关系，尤其是在营销中。

在网络营销领域，伙伴关系继续承担着它原有的角色，同时又发挥着新的作用，它的地位比以往任何时候都更加重要。旅游业的各个部门开始发生合并，尤其是旅游信息发布部门。对于小企业来说，要在市场竞争中立足，建立伙伴关系是避免被大型公司合并的一个替代选择。

Internet 技术使得另一种新的伙伴关系维度成为可能，即会员忠诚计划或称为会员营销。这种网络营销战略的建立是基于这样的事实：Internet 本质上是一个信息网络，任何一个事物都与其他事物相联系。针对你的产品和服务确认吸引消费者的网站和网页，你就可以与这些网站或网页建立交互链接，或通过付费在其他网站刊登广告或建立链接。

4. 多渠道沟通

多渠道沟通意味着将传统媒体和网络技术组合应用于市场营销和客户服务，需要注意的是，并不是所有的顾客都拥有相同的技术、技巧，也并不是所有的顾客都喜欢使用相同的通信手段。另外，虽然技术在不断突破，但消费者正变得愈加没有耐心。如果他们不能在购买产品之前找到他们想要的信息，或者不能询问他们需要得到解答的问题，他们就会离开并消失在网络空间。

5. 以诚信构建品牌

最后一个战略就是通过顾客的信任建立企业的品牌。和店铺型企业相比，网络营销是相对无形和神秘的。这源于消费者看不见网站背后的操作者，看不见他或她如何在网络空间中传递信息。因此，在 Internet 中，诚信是消费者在选择服务和产品时需要考虑的首要因素。雅虎的一项调查显示，84% 的消费者更倾向在已经被认证的、更值得信赖的网站购买。

网络营销虽不是我们能够确定预见的一种选择，却是未来企业生存的关键。网络营销时代刚刚拉开帷幕，Internet 还需要不断展示自己的巨大潜力和能量，最大的受惠者将是旅游业和旅游者，Internet 和旅游业乃是天作之合。

知识拓展

旅游业的网络营销发展趋势

当前旅游业网络营销的发展趋势如下：

首先是以消费者为本的发展趋势。网络营销与传统营销的根本区别是消费者需求的个性回归及网络的互动与跨时空特性。网络营销把原本以产品为中心的营销策略，转变为以消费者为中心的营销模式，消费者生活方式的变化导致了市场营销手段发生了变化。对于旅游业来说，互联网为旅游业提供了丰富多样的展示方法与发展渠道。

其次是个性化服务趋势。网络营销具有以个性化迅速赢得数以百万计的用户的能力，通过编程、设计等手段，创造出以前不能以快捷方式销售的产品以及巨大的商机，客人可通过电脑或手机直接下单预订酒店床位、机票及名目繁多的度假产品，在旅客体验上取得了更诱人的效果。它能让消费者更好地感受产品和服务，个性化服务让顾客赏心悦目。

最后绿色营销是大势所趋。随着人们保护环境的意识的不断增强，世界都在实施可持续发展战略。旅游业是"无烟产业"的认识已受到质疑，随着旅游业的推进，世界多处环境受到破坏，这些破坏环境资源的现象影响了旅游业的发展。因此，必须加强绿色营销，在旅游产品的设计、包装、促销及销售服务等环节上贯彻绿色原则。加强开展绿色旅游营销，是旅游业的可持续发展道路，是极富生命力的营销策略。

思考与训练

理论题

> **单项选择题**

1. 现代市场营销最重要的是供需双方信息的传播和（　　）。
   A. 时间　　　　B. 变化　　　　C. 数量　　　　D. 交换

2. 网络营销主要是通过（　　）宣传旅游产品，提高其知名度，达到最终销售的目的，从而获得收益。
   A. 网络平台　　B. 报纸　　　　C. 海报　　　　D. 广告

3. 旅游企业运用计算机预订系统，是在旅游企业内部网络化的基础上，利用网络来吸引顾客，接受顾客的预订。而要真正达到这样的要求，就必须实现企业外部的（　　）。
   A. 网络化　　　B. 数量化　　　C. 信息化　　　D. 特殊化

4. 一个（　　　）的企业试图售卖产品的功能特色，让消费者决定他们想要什么。

　　A. 时间导向　　　　B. 变化导向　　　　C. 产品导向　　　　D. 层次导向

5. 和店铺型企业相比，网络营销是相对（　　　）和神秘的。

　　A. 稳定　　　　　　B. 变化　　　　　　C. 有形　　　　　　D. 无形

▶ 多项选择题

1. 旅游网络营销具有无与伦比的高效率，突出地表现在（　　　）上，这也会有效地降低旅游营销成本。

　　A. 数量最多　　　　　　　　　　　B. 信息量大

　　C. 更新快　　　　　　　　　　　　D. 精确度高

　　E. 传递迅捷

2. 无论是旅游企业还是旅游消费者，都可以自由地发布和寻找信息，自由地、互动式地在网上进行沟通，因此，旅游网络营销兼具（　　　）特点。

　　A. 直接营销　　　　　　　　　　　B. 目标营销

　　C. 网络营销　　　　　　　　　　　D. 双向互动营销

　　E. 参与式营销

3. 由于网络营销以具有高技术含量的电脑和互联网为基础，因而企业组织实施旅游网络营销必须有一定的（　　　）。

　　A. 时间　　　　　　　　　　　　　B. 数量

　　C. 技术投入　　　　　　　　　　　D. 层次结构

　　E. 技术支持

4. 网络营销对旅游业发展的意义深远，具体表现在（　　　）。

　　A. 网络营销是旅游企业降低成本的有效手段

　　B. 网络营销是旅游企业实现个性化服务的平台

　　C. 网络营销是旅游企业提高企业知名度的必然选择

　　D. 网络营销是旅游企业扩大市场的重要条件

　　E. 网络营销是旅游企业发展的根本

5. 旅游网络营销系统包括（　　　）。

　　A. 在线预订系统　　　　　　　　　B. 购物系统

　　C. 数据库系统　　　　　　　　　　D. 全球分销系统

　　E. 信息系统

▶ 判断题

1. 互联网传递产品信息的跨空间性，使旅游企业不可轻易地将其营销活动扩大到

全球范围。( )

2. 几乎所有的旅游供应商，都在尝试着直接和顾客进行交易，中间环节的消失，使得佣金增加，增加了生存空间。( )

3. 随着网络的发展，对以印刷手册作为营销工具的依赖已弱化。( )

4. 计算机预订系统是一种开放和多面的、适用于整个旅游活动，包括机票、宾馆等预订供应商及客户的专业预订系统。( )

5. 企业的某些基本原则一直在改变，但是企业运作的方式必须为了适应网络环境而改变。( )

实务题

➢ 单项选择题

1. ( )体现营销发展的基本趋势，而且它所面向的特定市场具有极大的增长潜力。
   A. 价格营销　　B. 绿色营销　　C. 网络营销　　D. 产品营销

2. 专门的中介系统通过自己设立在世界各地的销售点或终端接受客人委托预订，同时与入网宾馆建立代理销售合同，通过( )的形式实现自己的利润。
   A. 佣金　　B. 收入　　C. 利润　　D. 成本

3. 建立( )使得Internet为企业提供了各种可能的工具，为顾客交流通信、共享产品和服务信息提供了大量机会。
   A. 网站　　B. 虚拟顾客社区　　C. 平台　　D. 区块链

4. 为了满足旅游者的需求而发展了一种更加先进的无线技术——( )。
   A. 即时语音　　B. 层次结构　　C. 人脸识别　　D. 定位技术

5. ( )是一种迅速发展中的新型营销网络，是为代理人提供航空和旅游产品分销服务的计算机技术与网络服务系统的系统总称。
   A. 全球分销系统　　B. 营销系统　　C. 中央系统　　D. 数据库系统

➢ 多项选择题

1. 国际上先进的计算机预订系统，主要分为( )。
   A. 全球分销系统　　　　　　B. 中央预订系统
   C. 中央系统　　　　　　　　D. 专门的中介系统
   E. 数据库系统

2. 旅游业的网络营销发展趋势包括( )。
   A. 以消费者为本的发展趋势　　B. 中央预订系统
   C. 个性化服务趋势　　　　　　D. 专门的中介系统

E. 绿色营销

3. 旅游企业应该不失时机地推广应用网络新技术，主要包括（　　）。
   A. 移动性与即时通信（IM）　　　　B. 技术集成
   C. 业务一体化和网络营销技术　　　D. 语音识别
   E. 跟踪技术

4. 借助语音指令服务，旅行者可以使用无线设备，收取电子邮件并阅读或获得答复，获取（　　）。
   A. 标题新闻　　　　　　　　　　B. 变化
   C. 数量　　　　　　　　　　　　D. 预订服务
   E. 质量

5. 网络营销企业需要利用跟踪技术，使用户登录它们的网站，帮助购物者容易地找到和购买他们所需的产品，并通过（　　），支持电子客户关系管理成为可能。
   A. 大众化　　　　　　　　　　　B. 普遍化
   C. 用户化　　　　　　　　　　　D. 个性化
   E. 单一化

6. 集成是指将（　　）综合为一个单一的、基于IP的网络。
   A. 声音　　　　　　　　　　　　B. 数据
   C. 数量　　　　　　　　　　　　D. 影像
   E. 质量

> 判断题

1. 多渠道沟通意味着将传统媒体和Internet技术组合应用于市场营销和客户服务。（　　）

2. 会员忠诚计划这种网络营销战略的建立是基于这样的谬论：Internet本质上是一个信息网络，任何一个事物都与其他事物相联系。（　　）

3. 对于小企业来说，要在市场竞争中立足，建立伙伴关系是必然选择。（　　）

4. 网络营销企业需要利用跟踪技术，使用户登录它们的网站，帮助购物者容易地找到和购买他们所需的产品，并通过用户化和个性化，支持电子客户关系管理成为可能。（　　）

5. 旅游网络营销可以用移动技术发送各种用户化的信息，如旅行条件和航班取消等。（　　）

> 论述题

1. 旅游网络营销的概念是什么？

2. 旅游网络营销的优越性体现在哪些方面？
3. 旅游网络营销发展的新趋势和关键要素是什么？
4. 登录携程网站，对该网站的营销策略进行评价。

 **技能练习**

微博营销"玩转安吉"

浙江省安吉县风景与旅游管理委员会（以下简称"县旅委"）是景区微博营销的好手之一。为适应游客结构中自驾游比例逐年上升的强劲态势，为年轻的自驾游客提供更多的信息和更好的服务，安吉县旅委注册开通了主题为"玩转安吉"的官方微博，借助官方微博的权威性对安吉旅游信息、旅游线路、动态新闻等进行网络推广，并采取网络互动的形式定期派发景区门票小礼品，受到了广大网民的关注和喜爱。"安吉通带你玩转安吉，走山野寻闲趣，一样的安吉不一样的玩法！"县旅委的新浪官方微博开通短短5个月时间，通过图片、景区活动介绍、各季节旅游信息发布等，迅速集聚了7 403名微博"粉丝"。

"这是我们利用官方微博的权威性结合县内的旅游资源进行的网络推广活动。"安吉旅委市场科负责人说，"粉丝"们转发"玩转安吉"发布的信息，在一定时间限度内转发了一定数量，就可以领取大竹海、龙王山景区门票等小礼品。

自从官方微博开通以来，该县旅游局共在微博上发表长兴的旅游信息20多篇、图片20余张。"我们主要是把长兴景点所推出的活动、优美的风景照片、游客在长兴旅游时发生的趣事发布在微博上。"长兴旅游营销公司负责人说，现在我们的微博有将近9 000名"粉丝"，他们对我们所推出的活动都很关心。微博的价值在于简练和迅速，面向最普通的大众，意义在于广播形式喜闻乐见。

资料来源：旅游部门景点景区开通旅游微博"给力"湖州旅游［EB/OL］.（2011-05-03）［2019-08-17］.http://zjnews.zjol.com.cn/system/2011/05/03/017490463.shtml.

分组研讨以下问题：

1. 谈谈微博营销旅游新模式成功的根本原因是什么？
2. 针对当前我国旅游网络营销的发展现状，分析我国旅游网络营销在发展过程中存在哪些问题？可能会带来哪些负面影响？

要求：自由组合成小组（每组3人），并展开自由讨论，撰写分析报告，最后选派1名代表进行汇报。

参考文献

[1] 沃恩，莫里森.饭店营销学[M].程尽能，译.北京：中国旅游出版社，2001.

[2] 密德尔敦.旅游营销学[M].向萍，译.北京：中国旅游出版社，2001.

[3] 约翰逊.旅游业市场营销[M].张凌云，马晓秋，译.北京：电子工业出版社，2004.

[4] 李洪波.旅游景区管理[M].北京：机械工业出版社，2004.

[5] 孙庆群，王铁.旅游市场营销学[M].北京：化学工业出版社，2005.

[6] 崔莉，杜学.旅游交通管理[M].北京：清华大学出版社，2007.

[7] 刘晓杰.旅行社经营与管理[M].北京：化学工业出版社，2007.

[8] 苏日娜.旅游市场营销[M].北京：机械工业出版社，2008.

[9] 陈永发.旅行社经营管理[M].2版.北京：高等教育出版社，2008.

[10] 王瑜.旅游景区管理实训教程[M].北京：机械工业出版社，2009.

[11] 伯罗.市场营销[M].崔苏卫，译.北京：电子工业出版社，2009.

[12] 蔡洪胜.旅游市场营销[M].北京：清华大学出版社，2010.

[13] 王琴.旅游市场营销实务[M].北京：化学工业出版社，2010.

[14] 任鸣.旅游交通实务[M].北京：北京大学出版社，2010.

[15] 谷慧敏.旅游市场营销[M].3版.北京：旅游教育出版社，2010.

[16] 吴金林，李丹.旅游市场营销[M].北京：高等教育出版社，2010.

[17] 彭淑清.景区服务与管理[M].北京：电子工业出版社，2010.

[18] 王纪忠.旅游市场营销[M].北京：清华大学出版社，北京交通大学出版社，2011.

[19] 沈杨.旅游市场营销与管理[M].北京：人民邮电出版社，2011.

[20] 路娟.市场营销理论与实训[M].北京：北京大学出版社，中国农业大学出版社，2011.

[21] 陆朋.旅游市场营销[M].北京：中国物资出版社，2011.

[22] 周晓梅.旅游景区服务与管理[M].天津：天津大学出版社，2011.

[23] 马勇，刘名俭.旅游市场营销管理[M].4版.大连：东北财经大学出版社，

2011.

[24] 朱智. 旅行社运营管理实务［M］. 北京：国防工业出版社，2011.

[25] 彭石普. 市场营销理论与实训［M］. 北京：北京师范大学出版社，2011.

[26] 梁智. 旅行社运行与管理［M］.5版. 大连：东北财经大学出版社，2014.

[27] 张丽娟，清华. 旅游市场营销学［M］. 北京：北京交通大学出版社，2014.

[28] 谢志宏. 常州恐龙园新媒体营销策略研究［D］. 桂林：广西师范大学，2015.

[29] 鲁峰. 旅游市场营销——理论与案例［M］. 上海：上海财经大学出版社，2015.

[30] 舒伯阳. 旅游市场营销案例实训［M］. 北京：清华大学出版社，2015.

[31] 李学芝，宋素红. 旅游市场营销与策划——理论、实务、案例、实训［M］. 大连：东北财经大学出版社，2015.

[32] 吴必虎，余曦. 旅游规划原理［M］. 北京：中国旅游出版社，2015.

[33] 徐菊凤. 论旅游的边界与层次［J］. 旅游学刊，2016，31（8）：16-28.

[34] 操阳，纪文静. 旅游市场营销［M］. 大连：东北财经大学出版社，2017.